# bio spielend lernen

Biologie 5. bis 10. Klasse
Menschenkunde
Kopiervorlagen für Rätsel und Spiele

von Friederike Naroska



Ernst Klett Verlag
Stuttgart Düsseldorf Leipzig

Gedruckt auf Papier aus
chlorfrei gebleichtem Zellstoff,
säurefrei.

1. Auflage A 1 5 4 3 2 1 | 2005 2004 2003 2002 2001

Alle Drucke dieser Auflage können im Unterricht nebeneinander benutzt werden, sie sind untereinander unverändert. Die letzte Zahl bezeichnet das Jahr dieses Druckes.


Internetadresse: http://www.klett-verlag.de

Autorin: Friederike Naroska, Tübingen
Fotos und Grafiken: Friederike Naroska, Tübingen

Umschlaggestaltung: Elke Müller, Schwäbisch Hall

Repro: H & N Repro, Stuttgart
Druck: Druckhaus Götz GmbH, Ludwigsburg



ISBN 3-12-722834-1

9 783127 228342

## Rätsel und Spiele

*Ein gesunder Geist in einem gesunden Körper ist die Volksausgabe einer verkörperten Vergeistigung.*
(WERNER SCHNEYDER)

Liebe Lehrerinnen, liebe Lehrer,

die vorliegende Rätselsammlung soll dazu beitragen, dass Schülerinnen und Schüler Spaß beim Lernen biologischer Fakten – besonders im Bereich der Menschenkunde – haben, und Ihnen helfen, den Unterricht schülermotivierend und schüleraktivierend zu gestalten, ohne dabei auf fachlich-sachliche Exaktheit zu verzichten.

Die Rätsel sind klar strukturiert und abwechslungsreich aufbereitet. Die Kopiervorlagen können im Unterricht als Ergänzung oder zur Auflockerung, als Anregung oder Wiederholung, in manchen Fällen auch zur Lernerfolgskontrolle eingesetzt werden. Da die meisten Rätsel als Einzelspiele konzipiert sind, können sie auch als Hausaufgaben Verwendung finden.

Inhaltlich decken die Rätsel und Spiele eine Vielzahl von Themen der Menschenkunde ab:
- Wahrnehmung und Steuerung
- Bewegung
- Atmung und Blutkreislauf
- Ernährung und Verdauung
- Fortpflanzung und Vererbung
- Stammesgeschichte und Verhalten
- Gesundheit und Krankheit.

Bei allen Kopiervorlagen in diesem Buch sind die Körperteile und Organe so gezeichnet, dass sie mit Buntstiften angemalt werden können. Dadurch bietet sich eine zusätzliche Möglichkeit, wesentliche Teile hervorzuheben, abzugrenzen oder an die Grafiken im Schulbuch anzupassen.

Neben den „Arbeitsblättern“, deren Schwerpunkte mehr in der Vermittlung von Information, der Bearbeitung einer bestimmten Problemfrage oder in der Anleitung zum wissenschaftlichen Arbeiten zu sehen sind, steht bei den meisten Rätseln das spielende Lernen im Vordergrund.

Der übersichtliche Aufbau der Doppelseiten erleichtert Ihnen die Benutzung: Auf der rechten Seite finden Sie in der Regel die Kopiervorlagen für Rätsel und Spiele, auf der gegenüberliegenden Seite die Lösungen, unterrichtspraktische Hinweise und Zusatzinformationen.

Jede Hinweisseite beginnt mit einer Kopfleiste. Diese verschafft Ihnen einen schnellen Überblick über:
- Thema, in dessen Kontext die Rätsel eingesetzt werden können,
- Spieldauer, eine Angabe, aus der Sie ungefähr die Zeit, die zur Lösung der Rätsel im Unterricht eingeplant werden muss, abschätzen können,
- Anzahl der Personen, eine Angabe, ob das Rätsel oder Spiel alleine oder zu mehreren gelöst oder gespielt werden kann,
- Angaben über die Hilfsmittel, die Sie als Lehrerin oder Lehrer (L) den Schülerinnen oder Schülern (S) zur Verfügung stellen oder mit diesen vorbereiten müssen.

Weiter finden Sie auf dieser Seite Hinweise zu Themenkreisen (Lehrplanbezug), die in Zusammenhang mit den Inhalten der jeweiligen Rätsel stehen und nach deren Bearbeitung die Begriffe in den Rätseln bekannt sein sollten.

Die Lösungen der Rätsel sind in den Fällen, wo es sinnvoll erscheint, kommentiert. Die Lösungswörter setzen sich meist aus mehreren Buchstaben, die Bestandteil der einzelnen Antworten sind, zusammen. In den Teillösungen sind die entsprechenden Buchstaben unterstrichen oder fett gekennzeichnet.

In den INFO-Kästen werden die Lösungen kurz erläutert, sodass sich auch fachfremd Unterrichtende schnell über die biologischen und medizinischen Hintergründe informieren können.

Die Zusatzinformationen stellen Ihnen zum Beispiel Erklärungen und Ergänzungen zu den im Rätsel vorkommenden Begriffen und anderes Wissenswertes zu dem jeweiligen Thema zur Verfügung.

Tübingen, im September 2001

Friederike Naroska

## Lückentext: Lebendig und echt oder lebensecht?

| Thema | Spieldauer | Personen | Vorbereitung |
|---|---|---|---|
| Leben | 15 min | Einzelspiel ✏ | L: Vorlage kopieren |

### Einstieg

Kennzeichen des Lebendigen
Kennzeichen der Lebewesen

**INFO!**
**Biologie** ist die „Lehre vom Lebendigen".
In der Biologie wird genau beschrieben, welche Eigenschaften ein „Wesen" haben muss, damit es als „Lebe"-Wesen sozusagen wissenschaftlich anerkannt wird:

- Lebewesen haben einen Bauplan, nach dem sie aufgebaut sind.
- Lebewesen haben einen Stoffwechsel.
- Lebewesen reagieren auf Reize.
- Lebewesen haben die Fähigkeit, sich zu bewegen.
- Lebewesen wachsen und vermehren sich.

Ein Teilgebiet der Biologie ist die Menschenkunde. Man sagt auch **Humanbiologie**. Die anderen Teilgebiete sind die Tierkunde oder **Zoologie** und die Pflanzenkunde oder **Botanik**.

### Lösungen

Die vollständigen Sätze sehen so aus:

- Lebewesen haben einen Bauplan, nach dem sie aufgebaut sind. Der kleinste „Baustein" ist die Zelle.
- Lebewesen vermehren sich. Sie haben möglichst viele Nachkommen, die die gleichen Eigenschaften haben wie sie selbst.
- Lebewesen haben einen Stoffwechsel. Das heißt, sie nehmen Stoffe aus der Umwelt auf und wandeln sie in andere um.
- Lebewesen reagieren auf Reize aus ihrer Umwelt. Die Reize können Wärme oder Kälte, Licht oder Dunkelheit, Feuchtigkeit oder Trockenheit sein. Es können aber auch Geräusche, Gerüche oder Berührungen sein. Meistens ist die Antwort auf einen Reiz eine Bewegung.
- Lebewesen wachsen. Das gibt es zwar auch bei Kristallen und bei Tropfsteinen, diese gehören aber zur unbelebten Natur.
- Lebendiges unterscheidet sich von Unbelebtem eindeutig durch mindestens drei Kriterien: Vermehrung, Stoffwechsel und Reizbarkeit.

Das Lösungswort heißt: HUMANBIOLOGIE.

HERZ
ULTRASCHALL
MASSE
ALTER
NAHRUNGSKETTE
BLUT
INTELLIGENZ
OBERFLÄCHE
LEBENSRAUM
ORDNUNG
GRÖSSE
INSTINKT
ENERGIE

## Lückentext: Lebendig und echt oder lebensecht?

Eine Schaufensterpuppe kann man deutlich von einem lebendigen Menschen unterscheiden, auch auf einem Foto. Bei den Gestalten in einem Wachsfigurenkabinett, in dem bekannte Persönlichkeiten lebensecht nachgebildet sind, ist es schon schwieriger. Manchmal muss man längere Zeit ganz genau hinsehen, ob sich der Wachmann in der Ecke nicht vielleicht doch bewegt hat.

Woran kann man erkennen, ob ein Lebewesen – also ein Mensch, ein Tier oder auch eine Pflanze – wirklich lebt?

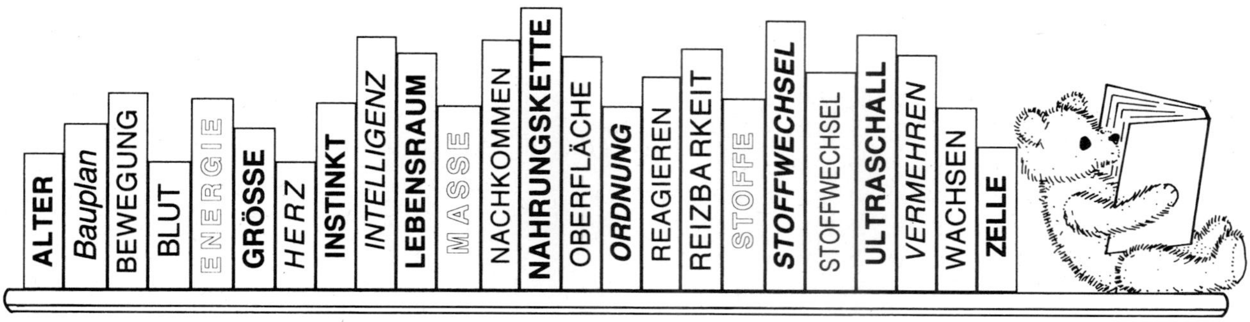


Suche aus den Büchern die Titel aus, die die „Kennzeichen des Lebendigen" beschreiben, und ergänze mit diesen Wörtern die folgenden Sätze:

- Lebewesen haben einen ________________________ , nach dem sie aufgebaut sind. Der kleinste „Baustein" eines Lebewesens ist eine ________________ .
- Lebewesen ________________ sich. Sie haben möglichst viele ________________________ , die die gleichen Eigenschaften haben wie sie selbst.
- Lebewesen haben einen ________________________ . Das heißt, sie nehmen ________________ aus der Umwelt auf und wandeln sie in andere um.
- Lebewesen ________________ auf Reize aus ihrer Umwelt. Die Reize können Wärme oder Kälte, Licht oder Dunkelheit, Feuchtigkeit oder Trockenheit sein. Es können aber auch Geräusche, Gerüche oder Berührungen sein. Meistens ist die Antwort auf einen Reiz eine ________________ .
- Lebewesen ________________ . Das gibt es zwar auch bei Kristallen und bei Tropfsteinen, diese gehören aber zur unbelebten Natur.
- Lebendiges unterscheidet sich von Unbelebtem eindeutig durch mindestens drei Kriterien: Vermehrung, ________________________ und ________________________ .

Wenn du die richtigen Wörter eingetragen hast, kannst du aus den Anfangsbuchstaben der übrig gebliebenen Wörter den wissenschaftlichen Begriff für Menschenkunde zusammensetzen. (Eine Hilfe: Der Buchstabe B ist schon an der passenden Stelle des Wortes eingesetzt.)

Es ist die _ _ _ _ _ B _ _ _ _ _ _ _ _

 

## Auswählen: Teamarbeit

| Thema | Spieldauer | Personen | Vorbereitung |
|---|---|---|---|
| Körperbau | 15 min | Einzelspiel ✏ | L: Vorlage kopieren |

### Einstieg

Bau und Leistungen unseres Körpers

### Lösungen

Das Lösungswort heißt: PHYSIOLOGIE.
1 P, 2 H, 3 Y, 4 S, 5 I, 6 O, 7 L, 8 O, 9 G, 10 I, 11 E

| | | |
|---|---|---|
| 1 | **Speiseröhre** – Dickdarm – Dünndarm – Mastdarm | 2. B. |
| 2 | Hammer – Amboss – **Schnecke** – Steigbügel | 3. B. |
| 3 | Axon – Dendrit – Synapse – **Labyrinth** | 4. B. |
| 4 | Netzhaut – Aderhaut – **Schleimhaut** – Regenbogenhaut | 1. B. |
| 5 | Nierenbecken – Nierenrinde – **Nebenniere** – Nierenmark | 7. B. |
| 6 | Zwerchfell – **Trommelfell** – Rippenfell – Lungenfell | 3. B. |
| 7 | Augapfel – **Eichel** – Linse – Zapfen | 6. B. |
| 8 | **Vorderhorn** – Mittelhirn – Kleinhirn – Großhirn | 2. B. |
| 9 | Pfortader – **Bogengang** – Hohlvene – Gallengang | 3. B. |
| 10 | Schilddrüse – **Blinddarm** – Hoden – Eierstock | 3. B. |
| 11 | Kammer – Vorhof – Klappe – **Becken** | 2. B. |

### Zusatzinformationen

Wenn man beschreibt, woraus ein Haus besteht, nennt man zum Beispiel Keller, Zimmer und Dach. Man könnte aber auch die vielen einzelnen Steine aufzählen, aus denen es aufgebaut ist.
Das gleiche gilt für unseren Körper. Er ist einmal in **Körperteile** gegliedert, er ist aber auch aus unzähligen, viel kleineren Bauteilen zusammengesetzt.
Die „Bausteine“ für unseren Körper sind die **Zellen**. Die Zellen sind aber nicht alle gleich. Da sie verschiedene Aufgaben erfüllen müssen, haben sie sich zu Spezialisten entwickelt, die sich die Arbeit teilen, zum Beispiel für die Bewegung: Muskelzellen; zum Stützen: Knochenzellen; zum Empfang von Reizen aus der Umwelt: Sinneszellen.
Spezialisten, die die gleiche Aufgabe haben, arbeiten immer zusammen. Sie bilden ein **Gewebe**. So sind zum Beispiel Knochen ein Stützgewebe.
Mehrere Gewebe können auch wieder zusammenarbeiten. Sie bilden dann ein **Organ**, zum Beispiel ein Sinnesorgan oder ein Verdauungsorgan.

## Auswählen: Teamarbeit

Die verschiedenen Organe, Gewebe oder Teile unseres Körpers haben unterschiedliche Aufgaben: Sie sind zum Beispiel für Bewegung oder Atmung, Verdauung oder Fortpflanzung zuständig. Um diese Aufgaben bestmöglich erfüllen zu können, arbeiten meistens mehrere „Spezialisten" als Team zusammen.

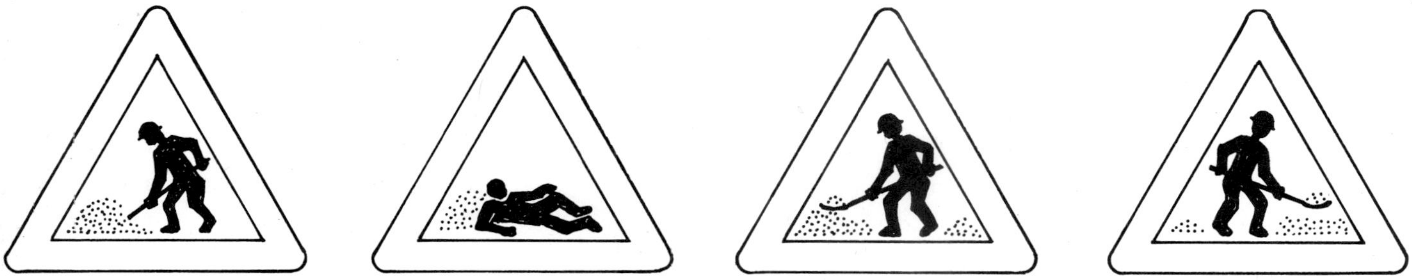

In jeder der folgenden Reihen sind vier solcher „Arbeitskräfte" genannt, von denen jeweils drei zusammenarbeiten oder ähnliche Aufgaben erfüllen. Wer gehört nicht dazu?

**1** Speiseröhre – Dickdarm – Dünndarm – Mastdarm (2. Buchstabe)

**2** Hammer – Amboss – Schnecke – Steigbügel (3. Buchstabe)

**3** Axon – Dendrit – Synapse – Labyrinth (4. Buchstabe)

**4** Netzhaut – Aderhaut – Schleimhaut – Regenbogenhaut (1. Buchstabe)

**5** Nierenbecken – Nierenrinde – Nebenniere – Nierenmark (7. Buchstabe)

**6** Zwerchfell – Trommelfell – Rippenfell – Lungenfell (3. Buchstabe)

**7** Augapfel – Eichel – Linse – Zapfen (6. Buchstabe)

**8** Vorderhorn – Mittelhirn – Kleinhirn – Großhirn (2. Buchstabe)

**9** Pfortader – Bogengang – Hohlvene – Gallengang (3. Buchstabe)

**10** Schilddrüse – Blinddarm – Hoden – Eierstock (3. Buchstabe)

**11** Kammer – Vorhof – Klappe – Becken (2. Buchstabe)

Die angegeben Buchstaben (am Ende jeder Reihe) verraten dir die wissenschaftliche Bezeichnung für die Lehre von den Lebensvorgängen.

Es ist die

__ __ __ __ __ __ __ __ __ __ __
1 2 3 4 5 6 7 8 9 10 11

## Silbenrätsel: Unsere zehn Sinne

| Thema | Spieldauer | Personen | Vorbereitung |
|---|---|---|---|
| Sinnesorgane | 15 min | Einzelspiel ✏ | L: Vorlage kopieren |

### Einstieg

Die Sinnesorgane des Menschen
Sinnesorgane erschließen die Umwelt
Wie wir unsere Umwelt wahrnehmen

### Lösungen

Das Lösungswort heißt: TAEUSCHUNG.

LICHTSTRAHLEN
SCHALLWELLEN
GERUCHSSTOFFE
GESCHMACKSSTOFFE
TEMPERATURUNTERSCHIEDE
DRUCK
DREHBEWEGUNG und NEIGUNG

## Silbenrätsel: Unsere zehn Sinne

Wir orientieren uns in unserer Umwelt, indem wir uns umsehen und auf Geräusche achten, schnuppern, wie etwas riecht, und probieren, wie etwas schmeckt oder wie es sich anfühlt. Dazu haben wir zehn Sinne: 1. Lichtsinn, 2. Gehörsinn, 3. Geruchssinn, 4. Geschmackssinn, 5. Tastsinn, 6. Schmerzsinn, 7. Kältesinn, 8. Wärmesinn, 9. Lagesinn und 10. Drehsinn. Die verschiedenen Sinneszellen nehmen die Reize aus unserer Umwelt auf und geben Meldungen darüber an unser Gehirn weiter.

Die Bezeichnungen der unterschiedlichen Reize kannst du aus folgenden Silben zusammensetzen:

BE - DE - DREH - DRUCK - FE - FE - GE - GE - GUNG - GUNG - LEN -
LEN - LICHT - NEI - PE - RA - RUCHS - SCHALL - SCHIE - SCHMACKS -
STOF - STOF - STRAH - TEM - TER - TUR - UN - WE - WEL

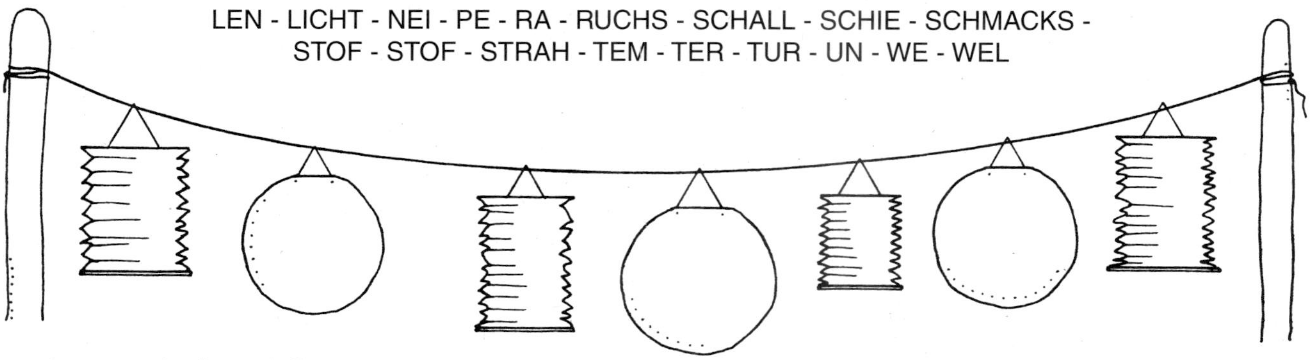

Lampe oder Laterne?
Wie nennt man die Reize, ohne die unsere Augen nichts wahrnehmen können?
_ _ _ _ _ _ _ _ _ _ _ _ _
▲

Fahrradklingel oder Feuerwehr?
Wie bezeichnet man die Reize, die das Trommelfell in Schwingung versetzen?
_ _ _ _ _ _ _ _ _ _ _ _
▲ ▲

Maiglöckchen oder Mülleimer?
Welche Reize können von den Sinneszellen in der Nasenschleimhaut aufgenommen werden?
_ _ _ _ _ _ _ _ _ _ _ _ _
▲

Schokolade oder Sauerkraut?
Welche Stoffe reizen die Sinneszellen auf der Zunge?
_ _ _ _ _ _ _ _ _ _ _ _ _ _ _ _
▲

Eiswürfel oder Heizkissen?
In der Haut liegen auch Kälte- und Wärmekörperchen.
Worauf reagieren sie?
_ _ _ _ _ _ _ _ _ _ _ _ _ _ _ _ _ _ _ _ _ _
▲ ▲

Stich oder Stoß?
Für alles, was wir fühlen, gibt es verschiedene Empfänger in der Haut: Sinneskörperchen und Sinneszellen. Auf welchen Reiz sprechen sie an?
_ _ _ _ _
▲

Walzer oder Wippe?
Welche Änderungen melden die Sinneszellen im Gleichgewichtsorgan an das Gehirn?
_ _ _ _ _ _ _ _ _ _ _ _ und _ _ _ _ _ _ _
▲ ▲

Wenn du die Wörter eingesetzt hast, ergeben die gekennzeichneten Buchstaben – fortlaufend gelesen – den Namen einer ganz besonderen Sinneswahrnehmung.

Es ist eine optische _ _ _ _ _ _ _ _ _ _

## Quiz: Augenfarben

| Thema | Spieldauer | Personen | Vorbereitung |
|---|---|---|---|
| Sinnesorgane | 10 min | Einzelspiel ✏ | L: Vorlage kopieren |

### Einstieg

Das Auge – unser wichtigstes Sinnesorgan
Das Auge – unser Empfänger für Lichtreize
Farbensehen

### Zusatzaufgabe

„Nachts sind alle Katzen grau!" Die Redensart meint im übertragenen Sinn, dass man unter bestimmten Bedingungen keine Farbunterschiede mehr erkennen kann. Welche biologische Erklärung gibt es für diesen Ausspruch?

### Lösungen

Das Lösungswort heißt: LICHT.
Diese Aussagen sind richtig: 1 C, 2 H, 3 I, 4 L, 5 T

1 C Mit Augenfarbe ist die Färbung der Regenbogenhaut gemeint. Die Regenbogenhaut oder Iris ist der vordere Teil der Aderhaut und von vielen kleinen Blutgefäßen durchzogen. In der Regenbogenhaut liegen kleine braune Farbkörnchen: die Pigmente. Je mehr es sind, um so dunkler sehen die Augen aus.

2 H Die Pupille ist das Loch in der Mitte der Regenbogenhaut. Die Pupillenweite ändert sich automatisch, je nachdem, wie hell es ist. Im Hellen zieht sich die Regenbogenhaut zusammen, im Dunkeln wird sie weiter und das Loch in ihrer Mitte größer. Dadurch kann mehr Licht ins Auge fallen.

3 I Das Weiße im Auge ist die Lederhaut, die Lederhaut, die den ganzen Augapfel umgibt. Nur im vorderen Teil – vor der Regenbogenhaut und der Pupille – ist sie durchsichtig. Da wird sie Hornhaut genannt.

4 L Der Gelbe Fleck ist die Stelle des schärfsten Sehens, er liegt gegenüber der Pupille. Die Stelle, an der der Sehnerv das Auge verlässt, ist der Blinde Fleck.

5 T Bei den Lichtsinneszellen kann man zwei verschiedene Formen unterscheiden: Stäbchen und Zapfen. Die Stäbchen sind empfindlich für Licht. Sie unterscheiden hell und dunkel. Die Zapfen sind empfindlich für Farben, brauchen dazu aber Licht. Deshalb kann man in der Dämmerung nur noch mehr oder weniger graue Silhouetten erkennen.

Z Man kann in der Dämmerung keine Farbunterschiede feststellen, weil die Zapfen nur im Hellen arbeiten. Nicht nur die Katzen sind grau, sondern auch alles andere in unserer Umwelt.

### Zusatzinformationen

#### Farbensehen

Unser Auge nimmt nur Lichtstrahlen wahr. Eine Erdbeere zum Beispiel leuchtet nicht wie eine Glühbirne, wir können sie nur deshalb sehen, weil ihre Oberfläche Lichtstrahlen reflektieren kann. Dazu muss die Erdbeere aber im Hellen sein. Das heißt, sie muss vom Sonnenlicht oder von einer Lampe beleuchtet werden. Im Dunkeln sehen wir deshalb nichts, weil keine Lichtstrahlen auf die **Lichtsinneszellen** in der Netzhaut treffen.
Bei den Lichtsinneszellen kann man zwei verschiedene Formen unterscheiden: Stäbchen und Zapfen. Die **Stäbchen** sind empfindlich für Licht. Sie unterscheiden hell und dunkel. Die **Zapfen** sind empfindlich für Farben. Wenn sie von Lichtstrahlen getroffen werden, die von einer Erdbeere reflektiert werden, geben sie die Meldung „Rot"' weiter.
Die „Farb"-Zapfen können nur im Hellen arbeiten. In der Dämmerung sind nur noch die „Licht"-Stäbchen in Betrieb. Im Halbdunkel können wir deshalb nur noch die Umrisse der Frucht erkennen, aber keine Farben mehr unterscheiden. Die Erdbeere sieht grau aus.

## Quiz: Augenfarben

Wenn wir unseren Geschwistern oder Freunden ganz „tief“ in die Augen schauen, sehen wir zuerst die Farbe der Augen mit dem schwarzen Punkt in der Mitte und dann das Weiße darum herum. Es gibt aber noch andere Farben.

Hier sind verschiedene Aussagen zu den Farben „im Auge“ zusammengestellt, es ist aber nur jeweils eine davon richtig. Kennzeichne die Buchstaben vor den richtigen Aussagen.

**1 Wenn die Augen blau sind, liegt das**
A an der Färbung der Pupille.
B an der Färbung der Augenlider.
C an der Färbung der Regenbogenhaut.
D an der Färbung der Bindehaut.

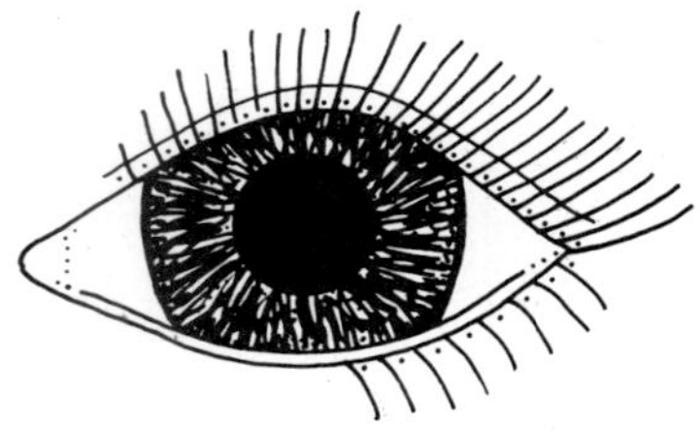

**2 Das Schwarze im Auge ist**
E die Iris.
F der blinde Fleck.
G die Linse.
H die Pupille.

**3 Das Weiße im Auge ist**
H die Hornhaut.
I die Lederhaut.
J die Gänsehaut.
K die Nickhaut.

**4 Der gelbe Fleck ist**
K die Stelle, an der der Sehnerv das Auge verlässt.
L die Stelle, an der die Reizempfindlichkeit am gößten ist.
N die Stelle, an der die Tränendrüse mündet.
M die Stelle, an der der Augenmuskel angewachsen ist.

**5 Das Durchsichtige im Auge ist**
R die Netzhaut.
S die Schleimhaut.
T die Hornhaut.
U die Bindehaut.

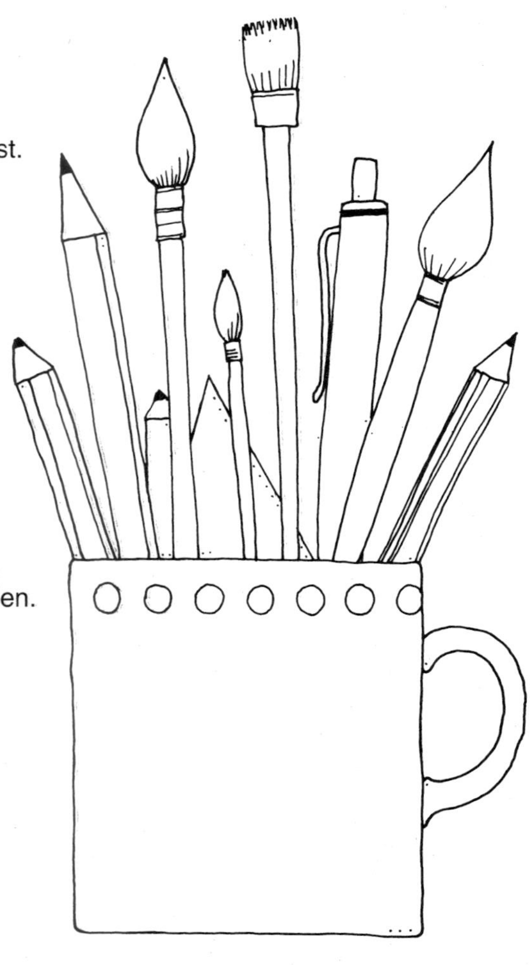

Wenn du die gekennzeichneten Buchstaben in die richtige Reihenfolge gebracht hast, ergeben sie eine kurze Bezeichnung für diejenigen Reize aus der Umwelt, die von den Sinneszellen in der Netzhaut aufgenommen werden.

Es ist _ _ _ _ _

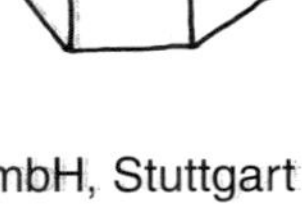

## Labyrinth: Ohren gespitzt!

| Thema | Spieldauer | Personen | Vorbereitung |
|---|---|---|---|
| Sinnesorgane | 5 -10 min | Einzelspiel ✏ | L: Vorlage kopieren |

### Einstieg

Bau und Leistungen des Ohres
Die Ohren nehmen Geräusche auf
Die Ohren – Empfänger für Schallwellen

### Lösungen

Der Hund hört Musik (oder den Trompeter).
Die Leitung von den Hörsinneszellen zum Gehirn ist der Hörnerv.

Zum äußeren Ohr gehören Ohrmuschel, Gehörgang und Trommelfell,
zum Mittelohr gehören Hammer, Amboss und Steigbügel,
zum Innenohr gehören Schnecke und Bogengänge (s. Material 16).

## Labyrinth: Ohren gespitzt!

Hast du schon einmal einen Hund beobachtet, wenn er ruhig daliegt und dann plötzlich seinen Kopf hebt und die Ohren aufstellt? Man sagt, „der Hund spitzt seine Ohren", und meint damit eigentlich die Ohrmuscheln. Das, was man außen sehen kann und normalerweise als Ohr bezeichnet, ist nur ein Teil des äußeren Ohrs. Das Ohr besteht aus drei Bereichen: dem äußeren Ohr, dem Mittelohr und dem Innenohr. Beim Menschen ist das genauso.

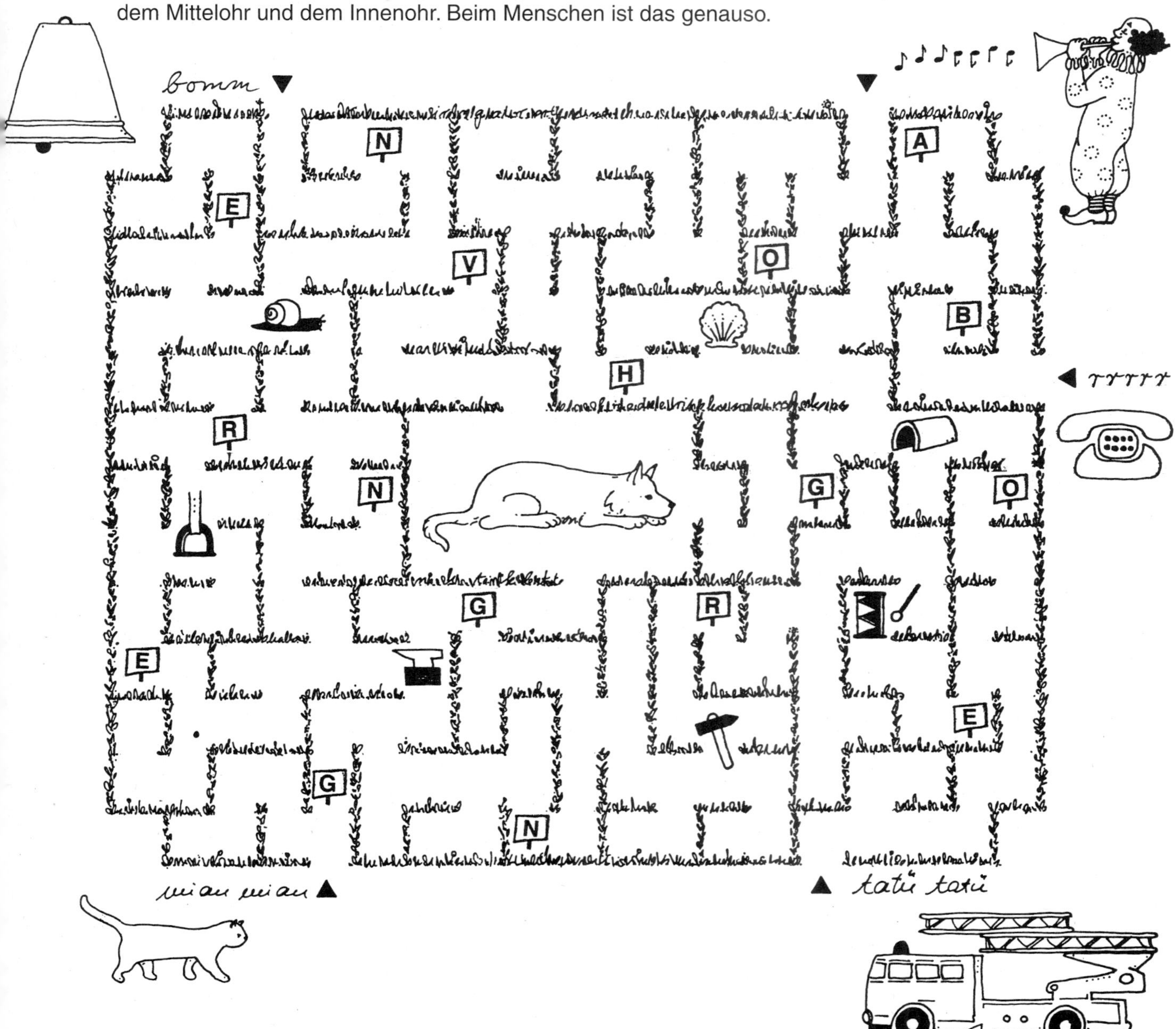


Um zu erfahren, welches der fünf Geräusche der Hund gerade hört, musst du den gleichen Weg wählen wie die Schallwellen: Das heißt, du musst von der Geräuschquelle bis zum Innenohr in der richti-gen Reihenfolge an allen Teilen des Ohres vorbeikommen. Die verschiedenen Teile des Ohres sind hier durch ähnliche Gegenstände dargestellt. Du darfst deinen Weg nicht kreuzen.

Der Hund hört ______________________________

Wenn du den richtigen Weg gefunden hast, ergeben die Kennbuchstaben am Wegesrand – der Reihe nach gelesen – die Bezeichnung für einen Teil dieses Sinnesorgans, ohne den wir nicht merken würden, dass wir etwas gehört haben.

Es ist der _________________________

## Brückenrätsel: Riech' mal, wie es schmeckt!

| Thema | Spieldauer | Personen | Vorbereitung |
|---|---|---|---|
| Sinnesorgane | 15 min | Gruppe (2) ✏<br>Hausaufgabe | L: Vorlage kopieren |

### Einstieg

Riechen und Schmecken
Geruch und Geschmack

**INFO!**
Die Nasenhöhle ist mit **Schleimhaut** ausgekleidet. In der Nasenschleimhaut liegen die Geruchssinneszellen. Die Reize, die von diesen Sinneszellen aufgenommen werden können, sind die **Geruchsstoffe**. Sie kommen mit der Luft, die wir einatmen, in unsere Nasenhöhle und werden automatisch untersucht. Die Geruchssinneszellen geben dann die entsprechenden Meldungen über die Riechnerven ans Gehirn.
Alles, was wir in den Mund nehmen, wird auf seinen Geschmack geprüft. Die verschiedenen **Geschmacksstoffe** werden von den Geschmackssinneszellen aufgenommen. Die Geschmackssinneszellen liegen auf kleinen Wärzchen auf der Oberseite der Zunge. Man nennt diese Wärzchen **Geschmackspapillen**. Es gibt verschiedene Formen:
Die Wallpapillen – ganz hinten auf der Zunge – können nur „bitter" feststellen.
Die Pilzpapillen – auf der Zungenspitze – sind auf „süß" spezialisiert.
Direkt daneben – am Zungenrand – sitzen noch weitere Pilzpapillen, die „salzig" erkennen können.
Die Blattpapillen – rechts und links – spüren „sauer" auf.
Dann werden – wie bei allen Reizen, die auf Sinneszellen treffen – die Meldungen darüber zum Gehirn weitergegeben.
Im Gehirn werden die Empfindungen von dem, was wir schmecken, mit dem, was wir riechen, miteinander verknüpft. Manche Speisen schmecken nur deshalb so gut, weil sie gut riechen.

### Lösungen

Das Lösungswort heißt: SCHLEIMHAUT.

| | | |
|---|---|---|
| ZUCKER | **SUESS** | SPEISE |
| NACH | **GESCHMACK** | VOLL |
| MILCH | **ZAHN** | CREME |
| FRISCH | **LUFT** | BALLON |
| LAND | **ZUNGEN** | BRECHER |
| ZART | **BITTER** | SALZ |
| KINDER | **MUND** | ART |
| KÖRPER | **GERUCH** | LOS |
| PAPP | **NASEN** | FLÜGEL |
| STOCK | **SAUER** | RAHM |
| VEILCHEN | **DUFT** | STOFF |

## Brückenrätsel: Riech' mal, wie es schmeckt!

Wir können mit unserer Nase mehrere Hundert verschiedene Gerüche unterscheiden – auch dann, wenn sich die Duftstoffe in der Luft vermischen. Unsere Zunge kann nur vier Geschmacksstoffe erkennen. Bei allen anderen „Geschmäckern" lassen wir uns von der Nase täuschen. Beim Schmecken wird die Zunge meistens von der Nase unterstützt.

Die gesuchten Begriffe, die auf die Brücke geschrieben werden sollen, haben alle irgend etwas mit Mund oder Nase, mit Riechen oder Schmecken zu tun.

Die Wörter auf den hellen Steinen passen jeweils hinter das Wort auf der linken Seite und vor das Wort auf der rechten Seite, sodass in jeder Reihe zwei neue, zusammengesetzte Wörter entstehen. Ein Beispiel: Zwischen KUH und FLASCHE passt MILCH, es entstehen die Wörter KUHMILCH und MILCHFLASCHE. (Ä, Ö, Ü und ß sind zwei Buchstaben: AE, OE, UE und SS.)

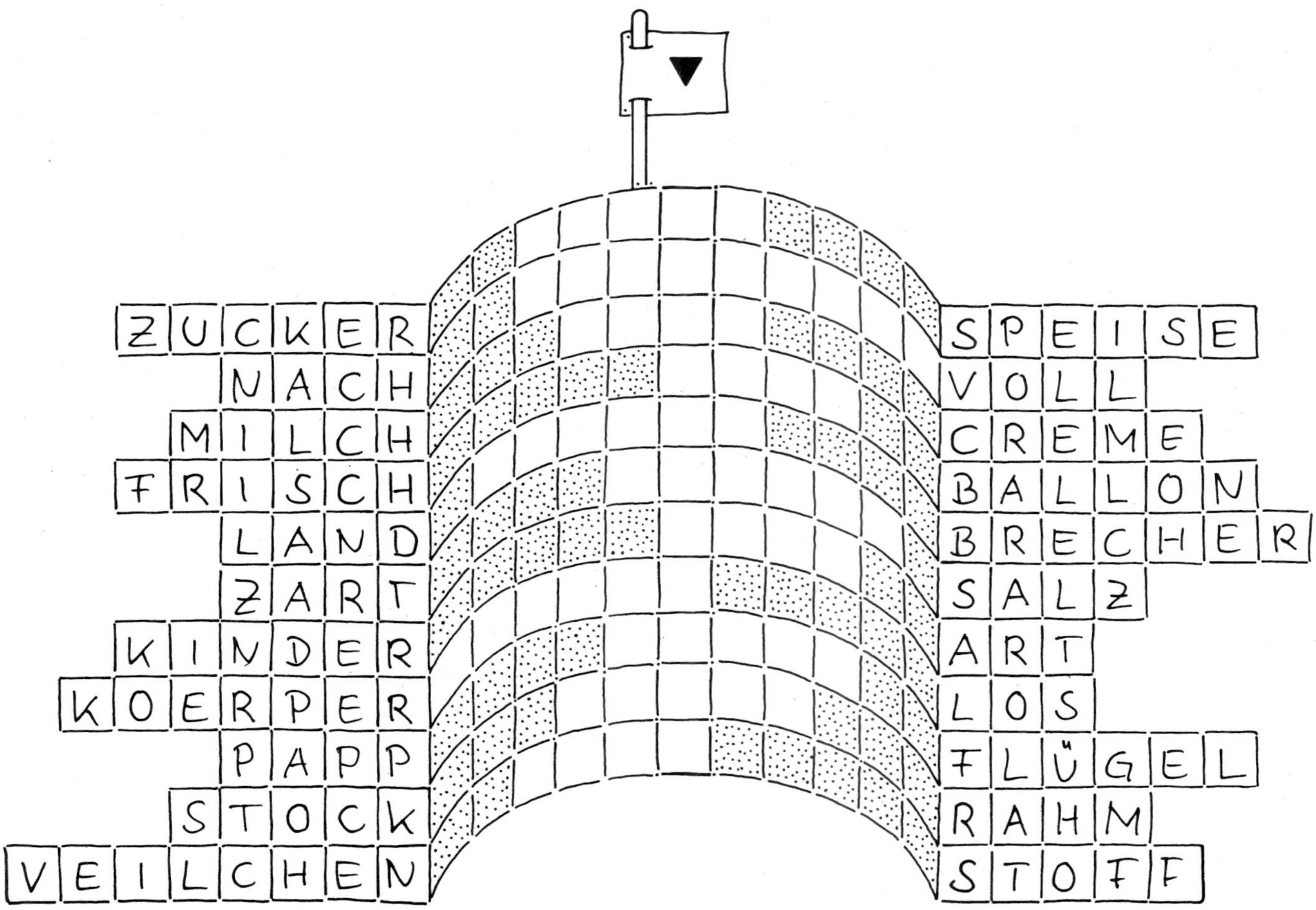


Auf den gekennzeichneten Steinen in der Mitte der Brücke kannst du – von oben nach unten – die Bezeichnung für das Gewebe lesen, in dem die Geruchssinneszellen liegen.

Man nennt es _ _ _ _ _ _ _ _ _ _ _

## Auswählen: Wer hat seinen Fingerabdruck hinterlassen?

| Thema | Spieldauer | Personen | Vorbereitung |
|---|---|---|---|
| Sinnesorgane | 5 min | Einzelspiel ✏ | L: Vorlage kopieren |

### Einstieg

Die Haut – ein vielseitiges Organ
Die Haut – ein Organ mit vielen Aufgaben
Die Haut – unser größtes Organ

**INFO!**
Die beiden Hautschichten Lederhaut und Oberhaut sind durch kleine, zapfenförmige Vorsprünge miteinander verzahnt. An den Innenseiten der Hände und Füße bilden diese Vorsprünge **Hautleisten**, die in ganz bestimmten, unveränderlichen Mustern verlaufen: die **Fingerabdrücke**. Bei jedem Menschen und an jedem Finger sind sie anders.

### Lösungen

Der Fingerabdruck von D. I. Ebesgut ist mit dem auf dem Kerzenständer identisch.

## Auswählen: Wer hat seinen Fingerabdruck hinterlassen?

Wenn wir etwas anfassen, fühlen wir, ob es rau oder glatt, hart oder weich, warm oder kalt ist. Für all das gibt es verschiedene Empfänger: Sinneskörperchen und Sinneszellen in der Haut. Sie kommen zwar auf unserer ganzen Körperoberfläche vor, sind aber nicht gleichmäßig verteilt. An manchen Stellen sind wir empfindlicher für Kälte, an anderen mehr für Schmerz.

Alles, was wir anfassen, berühren wir mit den Fingerkuppen. Dort liegen die meisten Sinneskörperchen zum Tasten. Und genau an den Stellen bildet das Muster der Hautleisten die unverwechselbaren Fingerabdrücke.

Der Kerzenständer lag nach einem Einbruch auf dem Boden. Er hat einen deutlichen Fingerabdruck – vermutlich von dem Einbrecher.

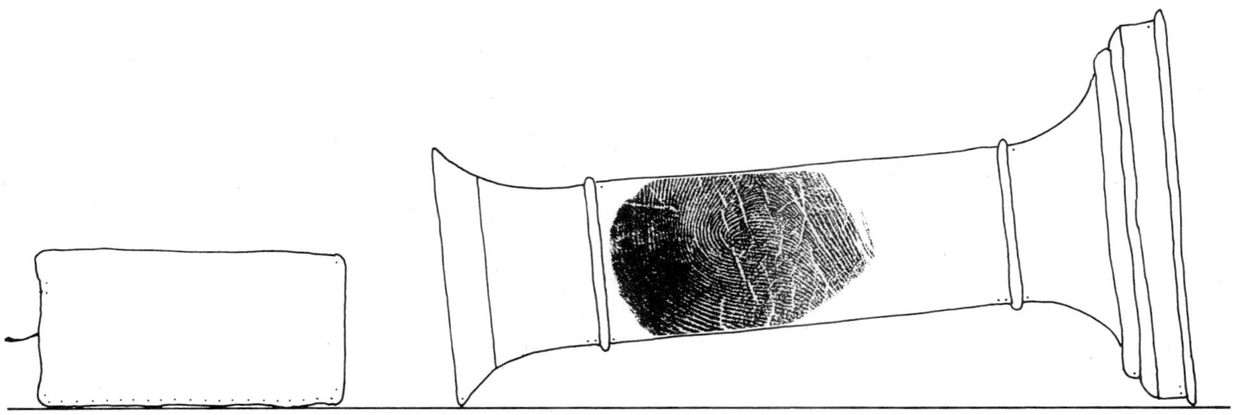

Wenn die Polizei einen Einbruch aufklären muss, wird der neue Fingerabdruck mit gespeicherten Fingerabdrücken verglichen. Dazu gibt es eine Kartei mit Fingerabdrücken von Menschen, die früher straffällig geworden sind.

Hier siehst du eine Reihe verschiedener Fingerabdrücke. Auf den ersten Blick sehen sie ziemlich ähnlich aus. Es sind aber nur zwei ganz genau gleich: der auf dem Kerzenständer und einer in der Kartei. Welcher?

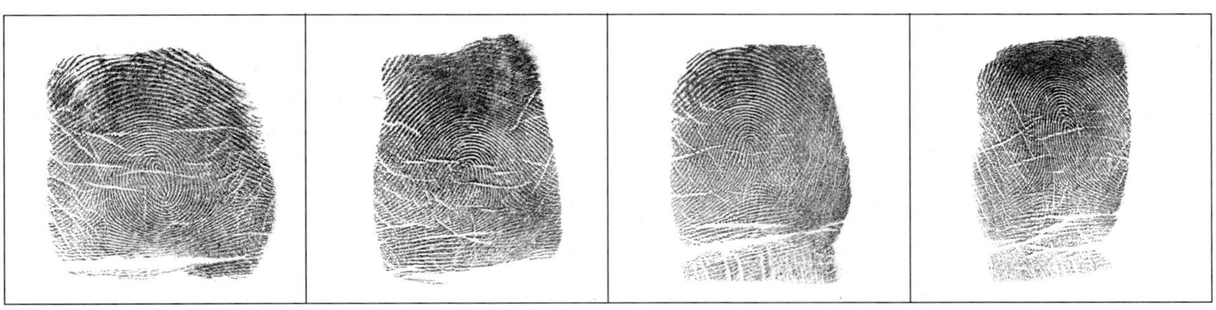

B. Ankra-Euber | D. I. Ebesgut | T. A. Schendi-Ebin | E. Inbruch

S. T. Raftäter | H. Ehler | B. E. Trüger | R. A. Ubüb-Erfall

Es ist der Fingerabdruck von ______________________________

## Lückentext: Lange Leitung?

| Thema | Spieldauer | Personen | Vorbereitung |
|---|---|---|---|
| Nervensystem | 10 min | Einzelspiel ✏ | L: Vorlage kopieren |

### Einstieg

Die Nervenzellen – Bausteine des Nervensystems
Teile des Nervensystems arbeiten selbstständig
Das Rückenmark gibt Befehle, ohne zu überlegen

**INFO!**
Reflexbewegungen laufen immer unbewusst ab und viel schneller als bewusste Bewegungen. Die Befehle zur Ausführung kommen nicht vom Gehirn, **Reflexe** werden vom Rückenmark gesteuert.
Im Rückenmark werden normalerweise die Befehle vom Gehirn umgeschaltet und zu den Muskeln weitergeleitet. Bei den Reflexen ist das anders. Das Gehirn wird gar nicht erst benachrichtigt.
Man kann eine Reflexbewegung auch selbst ausprobieren. Es klappt am besten, wenn eine „Testperson" mit übereinandergeschlagenen Beinen dasitzt. Das obere Bein muss ganz locker aufliegen und die Muskeln dürfen nicht angespannt sein. Dann schlägt man leicht mit der Handkante unterhalb der Kniescheibe: Der Unterschenkel schnellt mit einem Ruck nach oben – auch wenn die „Testperson" es gar nicht will. Das ist der **Kniesehnenreflex**.
Wenn man an einem warmen Sommerabend mit dem Fahrrad unterwegs ist, kann ab und zu einmal eine Mücke ins Auge fliegen. Meistens klappen aber die Augenlider rechtzeitig zu. Das geht automatisch und viel schneller, als wenn man die Augen bewusst zumachen würde, wenn man ein Insekt kommen sieht. Das ist der **Augenlidreflex**.
Eine andere Bewegung im Auge bemerkt man selbst nie: Die Pupille erweitert und verengt sich automatisch, je nachdem, ob es dunkel oder hell ist. Das ist der **Pupillenreflex**.

### Lösungen

Das Lösungswort heißt: REFLEXE.

Diese Begriffe bleiben übrig: Reaktionen – Energiebündel – Frequenz – Leitbündel – Erregungen – X-Chromosomen – Enzyme.

Diese Begriffe werden eingesetzt: Gehirn – Gehirn – Gehirn – Nervenfaserbündel – Nervenfasern – Nervenzellen – Reize – Rückenmark – Sinneszellen – Wirbelsäule – Zentralnervensystem.

So lautet der vollständige Text:
Sinneszellen nehmen **Reize** aus der Umwelt auf. Die Nachrichtenleitung von den verschiedenen Sinnesorganen zum **Gehirn** bilden die **Nervenzellen**. Sie haben lange, dünne „Arme", mit denen sie untereinander verbunden sind: die **Nervenfasern**.
Die Nerven aus den verschiedenen Körperteilen vereinigen sich fast alle im **Rückenmark**. Das ist besonders dickes **Nervenfaserbündel**. Es liegt geschützt in einem Kanal im Innern der **Wirbelsäule**.
Rückenmark und Gehirn bilden zusammen das **Zentralnervensystem**.
Erst dann, wenn alle Meldungen im **Gehirn** angekommen sind, wird uns bewusst, was in unserer Umwelt geschieht.
Das ist aber nicht alles. Vom Gehirn wird auch das, was wir tun wollen, gesteuert. Die Nerven leiten nicht nur Meldungen von den **Sinneszellen** zum Gehirn hin, sondern auch Befehle vom Gehirn in den Körper – allerdings auf einer anderen Leitung.
Das **Gehirn** steuert, auch ohne dass wir es wollen und ohne dass es uns bewusst wird, alle Stoffwechselvorgänge in unserem Körper: die Atmung genauso wie den Herzschlag.

## Lückentext: Lange Leitung?

Dirk muss ein Stundenprotokoll zum Thema „Nervensystem" anfertigen. Er hat alles, was ihm dazu eingefallen ist, aufgeschrieben. Die wichtigsten Begriffe wollte er durch eine andere Schriftart hervorheben, hat aber am Computer die falsche Tastenkombination gedrückt und dadurch die Wörter gelöscht.

Kannst du die Lücken füllen? Setze die Begriffe aus der folgenden Liste in den Text ein. Aber Vorsicht: nicht alle Begriffe gehören zu diesem Thema.

Energiebündel – Enzyme – Erregungen – Frequenz – Gehirn – Gehirn – Gehirn – Leitbündel – Nervenfaserbündel – Nervenfasern – Nervenzellen – Reize – Reaktionen – Rückenmark – Sinneszellen – X-Chromosomen – Wirbelsäule – Zentralnervensystem

Sinneszellen nehmen ____________ aus der Umwelt auf. Die Nachrichtenleitung von den verschiedenen Sinnesorganen zum ____________ bilden die ____________. Sie haben lange, dünne „Arme", mit denen sie untereinander verbunden sind: die ____________.
Die Nerven aus den verschiedenen Körperteilen vereinigen sich fast alle im ____________. Das ist ein besonders dickes ____________.
Es liegt geschützt in einem Kanal im Innern der ____________. Rückenmark und Gehirn bilden zusammen das ____________.
Erst dann, wenn alle Meldungen im ____________ angekommen sind, wird uns bewusst, was in unserer Umwelt geschieht.
Das ist aber nicht alles. Vom Gehirn wird auch das, was wir tun wollen, gesteuert. Die Nerven leiten nicht nur Meldungen von den ____________ zum Gehirn hin, sondern auch Befehle vom Gehirn in den Körper – allerdings auf einer anderen Leitung.
Das ____________ steuert, auch ohne dass wir es wollen und ohne dass es uns bewusst wird, alle Stoffwechselvorgänge in unserem Körper: die Atmung genauso wie den Herzschlag.

Welche Wörter passen nicht in den Text? Die Anfangsbuchstaben – in die richtige Reihenfolge gebracht – nennen dir die Bezeichnung für schnelle unbewusste Reaktionen.

Es sind _ _ _ _ _ _ _

 

## Labyrinth: Gedankenspaziergang

| Thema | Spieldauer | Personen | Vorbereitung |
|---|---|---|---|
| Nervensystem | 5 min | Einzelspiel ✏ | L: Vorlage kopieren |

### Einstieg

Nervenzentrale Gehirn
Arbeitsteilung im Gehirn
Leistungsfähigkeit des menschlichen Gehirns

### Lösungen

Das Lösungswort heißt: NERVENZENTRALE. Man beginnt mit dem „Spaziergang" im Stirnhirn.

### Zusatzinformationen

Wenn man nachdenkt und dabei das Gehirn anstrengt, macht man das mit dem **Großhirn**. Die Bereiche auf der **Hirnrinde**, die für die verschiedenen Aufgaben, die das Großhirn übernimmt, zuständig sind, nennt man **Rindenfelder**. Hier werden Meldungen, die von den Sinneszellen kommen, aufgenommen und verarbeitet. Auf der Hirnrinde liegen dicht nebeneinander gepackt und miteinander verknüpft mehr als 10 Milliarden Nervenzellen.
Der vordere Teil des Großhirns, das **Stirnhirn**, ist beim Menschen besonders gut entwickelt. Es ist für das Denken zuständig.
Das **Zwischenhirn** regelt die Bedürfnisse nach Essen und Trinken, Körpertemperatur und Müdigkeit. Es arbeitet automatisch.
Die Zentrale für Körperhaltung liegt im **Kleinhirn**. Alle Meldungen, z. B. ob man auf dem Kopf steht oder sich dreht, werden dorthin geleitet. Im Kleinhirn werden auch Bewegungsfolgen wie Tanzen oder Schwimmen gespeichert.
Das **Mittelhirn** ist eine Schaltstation für die Meldungen von den Sinnesorganen.
Das **Nachhirn** reguliert den Blutkreislauf und die Atmung. Man nennt es auch verlängertes Mark.
Die Schaltstellen des Nervensystems, an denen die elektrischen Erregungen in eine chemische Sprache übersetzt werden, nennt man **Synapsen**.

## Labyrinth: Gedankenspaziergang

Für die unterschiedlichen Aufgaben, die das Gehirn übernimmt, sind verschiedene Teile im Gehirn zuständig. Damit die Aufgaben aufeinander abgestimmt werden können, sind alle Teile miteinander verbunden.

Auf der Hirnrinde werden zum Beispiel Meldungen, die von den Sinneszellen kommen, aufgenommen und verarbeitet. Die Oberfläche der Hirnrinde ist viel größer als die Oberfläche des Kopfes. Aber dadurch, dass sie in viele Falten gelegt ist, passt sie in den Schädel.

Wenn du einen „Spaziergang" durch die Gehirnwindungen machst und dabei deinen Weg so wählst, dass du an allen Buchstaben in der richtigen Reihenfolge vorbeikommst, erfährst du eine andere Bezeichnung für das Gehirn. Du darfst deinen Weg nicht kreuzen.

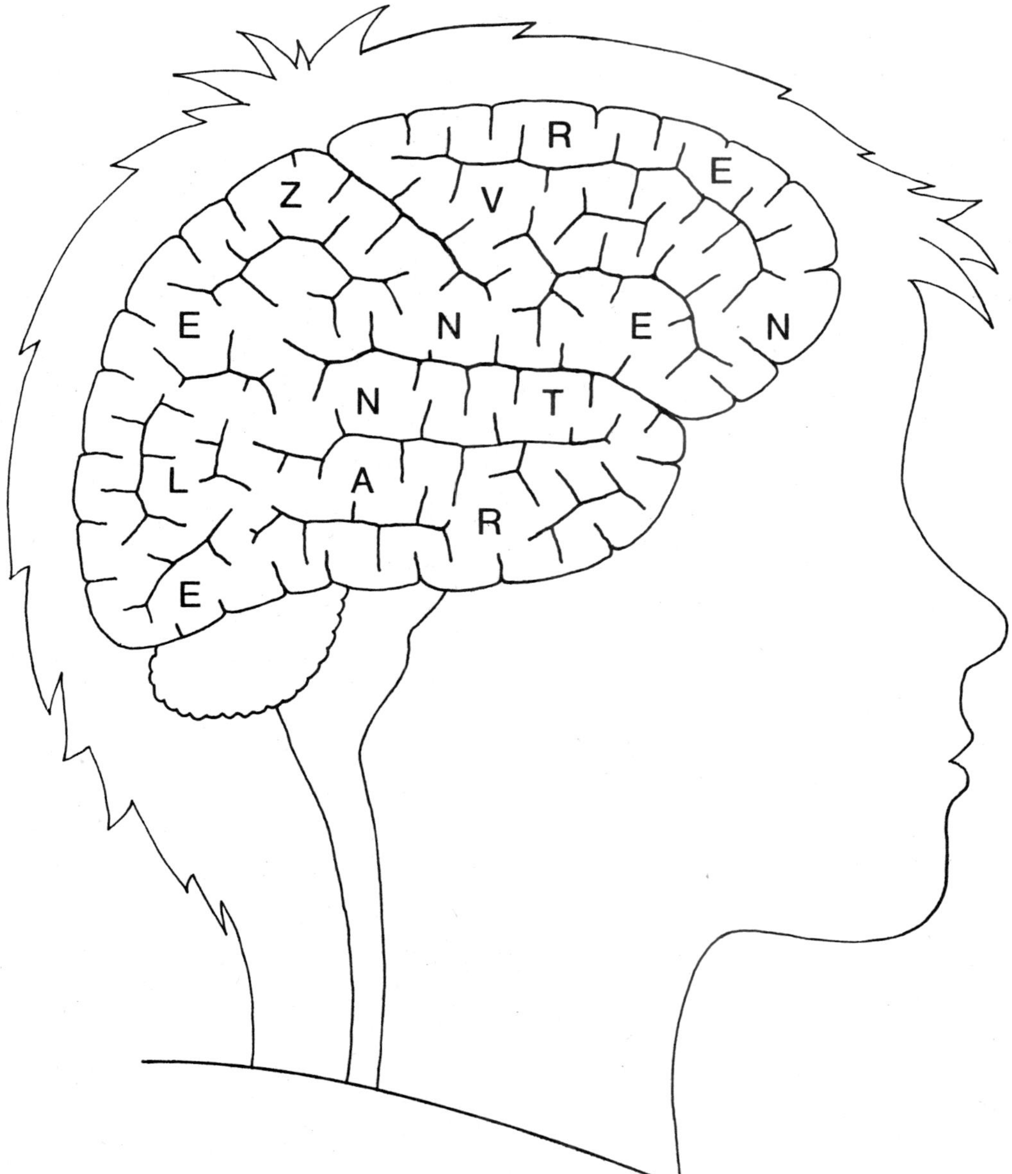


Man bezeichnet das Gehirn auch als _ _ _ _ _ _ _ _ _ _ _ _ _ _

 

## Kreuzworträtsel: Wauwau = Hund!

| Thema | Spieldauer | Personen | Vorbereitung |
|---|---|---|---|
| Nervensystem | 10 min | Einzelspiel ✏ | L: Vorlage kopieren |

### Einstieg

Gedächtnis
Ohne Gedächtnis kein Lernen

### Lösungen

Das Lösungswort heißt: GEDAECHTNIS.

1 KRAECHZEN
2 QUAKEN
3 KLAPPERN
4 REDEN
5 BLOEKEN
6 WIEHERN
7 GURREN
8 GRUNZEN
9 ROEHREN
10 SCHNATTERN

## Kreuzworträtsel: Wauwau = Hund!

Wie es um uns herum aussieht, ob es z. B. warm ist oder laut oder dunkel, wissen wir, wenn die Meldungen aus den Sinnesorganen im Gehirn angekommen sind. Manche dieser Meldungen werden nur für einen Augenblick zur Kenntnis genommen. Andere werden in einer großen „Datei“ gespeichert. Wir behalten das, was wir gesehen oder gehört haben: Wir lernen.

Wenn wir die entsprechenden Informationen brauchen, können wir sie wieder „hervorholen“. Manchmal tauchen die Informationen auch von alleine wieder auf, wenn eine neue Meldung dazukommt: Wir erinnern uns.

Wenn du zum Beispiel irgendwo lautes Bellen hörst, kombiniert dein Gehirn: Hund. Und umgekehrt, wenn du nur das Wort Hund hörst, fällt dir sofort ein: Bellen.

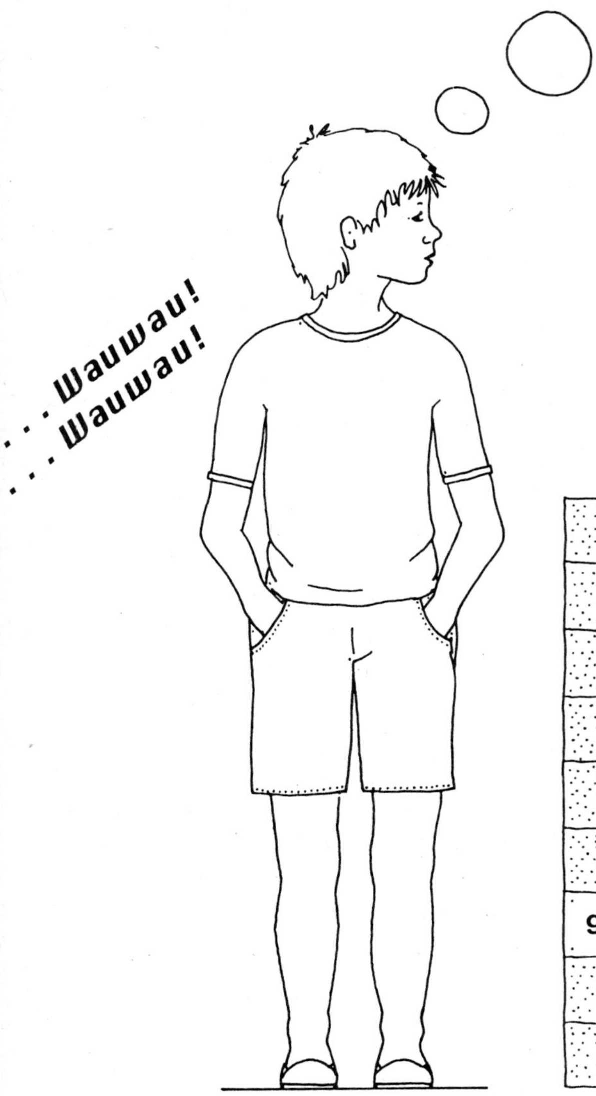


An welche Tierlaute denkst du bei den folgenden Namen? Trage die passenden Wörter in die Kästchen ein. (Ä, Ö und Ü sind zwei Buchstaben: AE, OE und UE.)

1 Raben, 2 Frösche, 3 Störche, 4 Menschen, 5 Schafe, 6 Pferde, 7 Tauben, 8 Schweine, 9 Hirsche, 10 Gänse

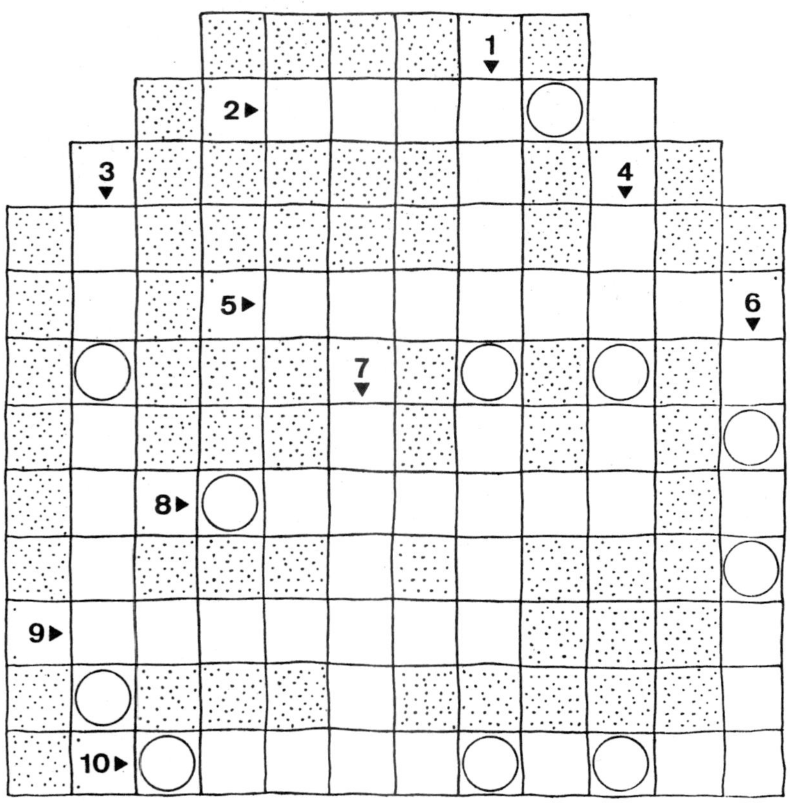


Die Buchstaben in den gekennzeichneten Kästchen – in die richtige Reihenfolge gebracht – nennen dir die Bezeichnung für die Fähigkeit des Gehirns, Informationen zu speichern und bei Bedarf bereitzustellen.

__ __ __ __ __ __ __ __ __ __ __

## Quiz: Wann haben Schlafmützen ausgeschlafen?

| Thema | Spieldauer | Personen | Vorbereitung |
|---|---|---|---|
| Nervensystem | 10 min | Einzelspiel ✏<br>Gruppenarbeit | L: Vorlage kopieren |

### Einstieg

Schlaf ist lebenswichtig
Schlaf – Erholung für Nerven und Körper

**INFO!**
Das Gehirn steuert nicht nur alle Vorgänge im Körper, wenn wir wach sind, es überwacht auch den Schlaf. Und es sorgt gleichzeitig dafür, dass wir bei Gefahr schnell wieder wach werden. Im Gehirn werden die Meldungen über mögliche Gefahren als Sondermeldungen verarbeitet. Man bezeichnet sie als **Weckreize**. Das können ungewohnte Geräusche, scharfe Gerüche, Kältegefühl oder plötzliche Schmerzen sein. Solche Weckreize reißen uns dann schnell aus dem tiefsten Schlaf.
Das Schlafzentrum in unserem Gehirn arbeitet wie eine Alarmanlage. Wenn wir wach sind, ist sie nicht eingeschaltet. Im Schlaf wird jedoch bei jeder verdächtigen Veränderung der Alarm ausgelöst, zum Beispiel bei Schmerzen.
Bei einer **Narkose** ist das anders. Man schläft zwar auch, aber die Alarmanlage ist ausgeschaltet. Durch die Betäubungsmittel wird das Schmerzempfinden vorübergehend außer Betrieb gesetzt, aber auch das Bewusstsein. Das Gehirn erkennt dann auch die Weckreize nicht mehr als Sondermeldungen. Während einer Narkose laufen aber alle lebenswichtigen Vorgänge in unserem Körper weiter – allerdings noch langsamer als beim Schlafen.

### Lösungen

Das Lösungswort heißt: NARKOSE.

1 N, 2 A, 3 R, 4 K, 5 O, 6 S, 7 E

## Quiz: Wann haben Schlafmützen ausgeschlafen?

Dass man schlafen muss, weiß jeder. Aber wann ist es Zeit dazu? Und wie lange? Darüber gibt es ganz verschiedene Meinungen. Auf jeden Fall gilt: Je tiefer man schläft, desto besser erholt man sich. Die Schlaftiefe ist aber bei allen Menschen verschieden. Wer nicht so tief schläft, braucht eben ein bisschen länger, bis er wieder fit ist. Er muss also länger schlafen.

Hier kannst du verschiedene Aussagen zum Schlafen lesen. Mache einen Kreis um die Buchstaben vor jeder richtigen Aussage.

**1 Wenn wir die Augen kaum noch offen halten können, ist das ein Zeichen dafür,**
B dass wir dringend eine Brille brauchen.
S dass wir dringend eine Dusche brauchen.
M dass wir dringend die Augen kühlen müssen.
N dass wir dringend eine Ruhepause brauchen.

**2 Wenn wir uns vor Müdigkeit kaum noch auf den Beinen halten können, liegt das daran,**
E dass der Kreislauf nicht mehr richtig funktioniert.
C dass die Gelenke nicht mehr richtig funktionieren.
U dass die Muskeln nicht mehr richtig funktionieren.
A dass der Gleichgewichtssinn nicht mehr richtig funktioniert.

**3 Schlafen ist lebenswichtig für uns,**
E weil wir im Schlaf gleichmäßiger atmen.
T weil wir im Schlaf keine Energie verbrauchen.
R weil wir uns regelmäßig erholen müssen.
H weil wir im Liegen besser verdauen können.

**4 Es ist höchste Zeit zu schlafen,**
K wenn wir mehr als18 Stunden wach waren.
L wenn wir andauernd gähnen müssen.
D wenn das Sandmännchen da war.
T wenn es draußen dunkel wird.

**5 Die lebenswichtigen, inneren Organe funktionieren auch dann, wenn wir schlafen. Die Muskeln, die an den Bewegungen wie Herzschlag und Atmen beteiligt sind, nennt man**
R Brustmuskeln.
E Bauchmuskeln.
A willkürliche Muskeln.
O unwillkürliche Muskeln.

**6 Das Gehirn steuert nicht nur die Vorgänge in unserem Körper, wenn wir schlafen, sondern auch den Schlaf selbst. Dazu gibt es im Gehirn**
R ein Ruhezentrum.
U ein Nachtzentrum.
S ein Schlafzentrum.
F ein Traumzentrum.

**7 Das Gehirn ist immer wach – auch während wir schlafen. Es verarbeitet die Erlebnisse des Tages zu Träumen. Das geschieht**
H in der Tiefschlaf-Phase .
E in der REM-Phase.
F in der Einschlaf-Phase.
P in der Aufwach-Phase.

Die markierten Buchstaben nennen dir die Bezeichnung für eine besondere Form des Schlafes.

Das Lösungswort heißt _ _ _ _ _ _ _

## Fäden entwirren: Im Marionettentheater

| Thema | Spieldauer | Personen | Vorbereitung |
|---|---|---|---|
| Bewegung | 5 - 10 min | Einzelspiel ✏ | L: Vorlage kopieren |

### Einstieg

Bewegung – Zusammenspiel von Knochen, Muskeln und Gelenken
Muskeln ermöglichen Bewegungen

### Lösungen

Das Lösungswort heißt: SEHNEN.

Man erhält es, wenn man die Buchstaben aus dem Namen des Seemanns umstellt.
Der Seemann heißt HENSEN oder HENNES.
Der Koch heißt MEHLIG.
Der König heißt LUDWIG.

## Fäden entwirren: Im Marionettentheater

Bist du schon einmal in einem Marionettentheater gewesen? Die Puppen gehen, tanzen oder winken und manche spielen sogar ein Instrument. Sie haben im Innern ein Gerüst, das unserem Knochengerüst ziemlich ähnlich ist: einzelne Teile, die beweglich miteinander verbunden sind. Diese „Körperteile" hängen an Fäden. Je nachdem an welchem Faden man zieht, bewegt die Marionette Arme oder Beine, dreht den Kopf oder verneigt sich. Das alles sieht unseren Bewegungen so ähnlich, dass die Marionetten wie lebendig wirken.

An welchen Fäden muss man ziehen, damit sich jeweils eine der Puppen bewegt?

Wenn du die richtigen Fäden gefunden hast, kannst du aus den Buchstaben die Namen der Puppen zusammensetzen.

Der Koch heißt _ _ _ _ _ _. Der Seemann heißt _ _ _ _ _ _.

Der König heißt _ _ _ _ _ _.

Die Buchstaben eines dieser Namen – in einer anderen Reihenfolge – nennen dir den Namen eines Gewebes, das zum Bewegungsapparat gehört.

Es sind _ _ _ _ _ _

 

## Wiedererkennen: Kochenfunde

| Thema | Spieldauer | Personen | Vorbereitung |
|---|---|---|---|
| Bewegung | 10 min | Einzelspiel ✏ | L: Vorlage kopieren |

### Einstieg

Das Skelett des Menschen
Das Skelett – innere Stütze unseres Körpers
Der Knochenaufbau

**INFO!**
Bei jeder Bewegung reiben die Knochen in den Gelenken aneinander. Damit das nicht knirscht und kratzt und die Knochenenden abgerieben werden, sind sie mit einer elastischen Schutzschicht überzogen, dem **Gelenkknorpel**.
Zwischen den Wirbeln liegen kleine elastische **Zwischenwirbelscheiben** oder Bandscheiben. Sie wirken wie Stoßdämpfer und sorgen dafür, dass die Wirbel nicht aufeinander reiben und gut gefedert sind.
Durch die **Menisken** – halbmondförmige Knorpelscheiben im Kniegelenk – werden Erschütterungen beim Laufen und Springen federnd abgefangen.

### Lösungen

Das Lösungswort heißt: KNORPEL.

| | |
|---|---|
| Kreuzbein | 1. Buchstabe = K |
| Unterkiefer | 2. Buchstabe = N |
| Oberschenkel | 1. Buchstabe = O |
| Fingerknochen | 6. Buchstabe = R |
| Rippe | 3. Buchstabe = P |
| Elle | 1. Buchstabe = E |
| Wirbel | 6. Buchstabe = L |

### Zusatzinformationen

Das Knochengerüst stützt uns nicht nur von innen. Es hat noch eine andere wichtige Aufgabe: Es schützt unsere Organe vor Druck und Stoß von außen. Der Schädel bewahrt das Gehirn und die Sinnesorgane vor Verletzungen. Die Rippen umgeben und schützen Herz und Lunge. Und die Beckenknochen formen eine Art Schüssel, in der die Bauchorgane sicher aufgehoben sind.

## Wiedererkennen: Knochenfunde

Bei Ausschachtungsarbeiten in einem Neubaugebiet sind überraschend Knochen gefunden worden. Fachleute müssen nun die Teile untersuchen und herausfinden, ob es sich um Knochen eines Menschen handelt oder sogar mehrerer. Ob es Männer oder Frauen waren, wann diese gelebt haben und vieles mehr. Dazu werden die einzelnen Teile zunächst gesammelt, identifiziert und sortiert.

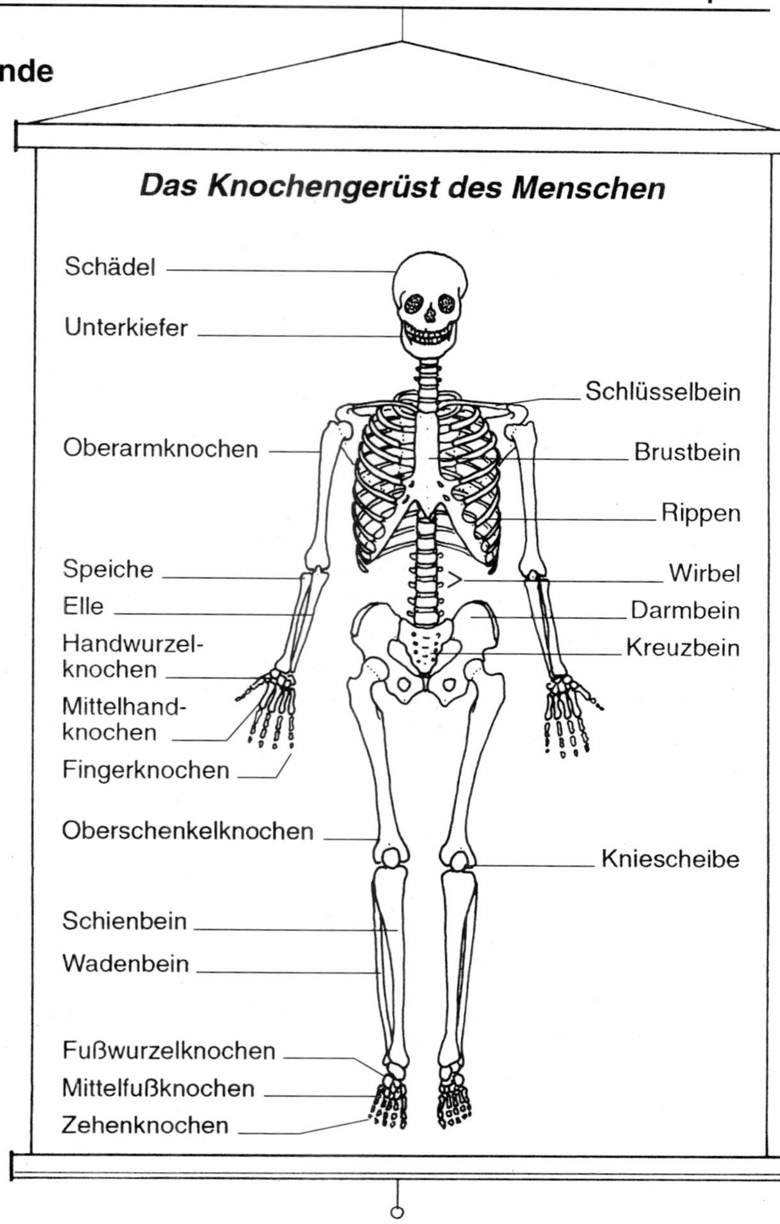


Die ersten Fundstücke sind hier abgebildet. Welche Skeletteile eines Menschen kannst du erkennen?
Suche die entsprechenden Knochen auf der Wandtafel und male sie farbig an.

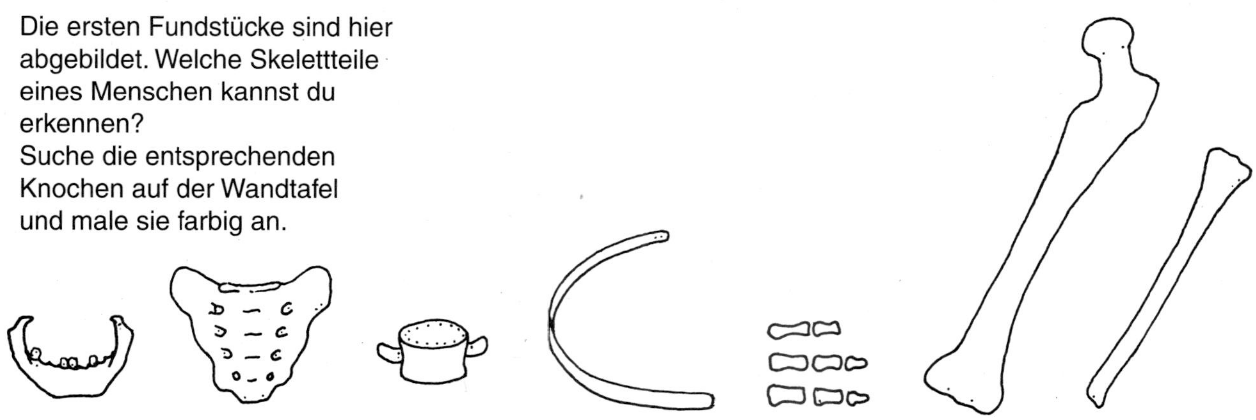

2. Buchstabe 1. Buchstabe 6. Buchstabe 3. Buchstabe 6. Buchstabe 1. Buchstabe 1. Buchstabe

Die angegeben Buchstaben in den passenden Bezeichnungen – in die richtige Reihenfolge gebracht – ergeben den Namen für ein Gewebe, das zum Skelett gehört.

Es ist _ _ _ _ _ _ _ _

## Quiz: Wer rastet, der rostet!

| Thema | Spieldauer | Personen | Vorbereitung |
|---|---|---|---|
| Bewegung | 10 min | Einzelspiel ✏ Gruppenarbeit | L: Vorlage kopieren |

### Einstieg

Bewegung – Zusammenspiel von Muskeln, Knochen und Gelenken
Die Gelenke
Gelenke machen das Skelett beweglich

**INFO!**
Die letzten Wirbel am unteren Ende der Wirbelsäule sind beim Menschen verkümmert: die **Steißbeinwirbel**. Bei den meisten Wirbeltieren bilden sie den Schwanz – eine Verlängerung der Wirbelsäule – und sind meistens sehr beweglich.

### Lösungen

Das Lösungswort heißt: STEISSBEINWIRBEL.
1 S, 2 T, 3 E, 4 I, 5 S, 6 S, 7 B, 8 E, 9 I, 10 N

## Quiz: Wer rastet, der rostet!

Unser Körper wird von innen durch ein „Gerüst" gestützt. Es besteht aus vielen einzelnen Teilen, die beweglich miteinander verbunden sind.

Hier sind verschiedene Aussagen zur Beweglichkeit des Skeletts zusammengestellt. Jeweils eine davon ist richtig. Kennzeichne die Buchstaben vor den richtigen Aussagen.

**1 Die einzelnen Teile des Skeletts sind**
S die Knochen.
L die Skelettmuskeln.
W die Wirbel.

**2 Die beweglichen Verbindungen heißen**
E Zwischenwirbelscheiben.
T Gelenke.
I Sehnen.

**3 Das Daumengrundgelenk ist**
N ein Drehgelenk.
R ein Scharniergelenk.
E ein Sattelgelenk.

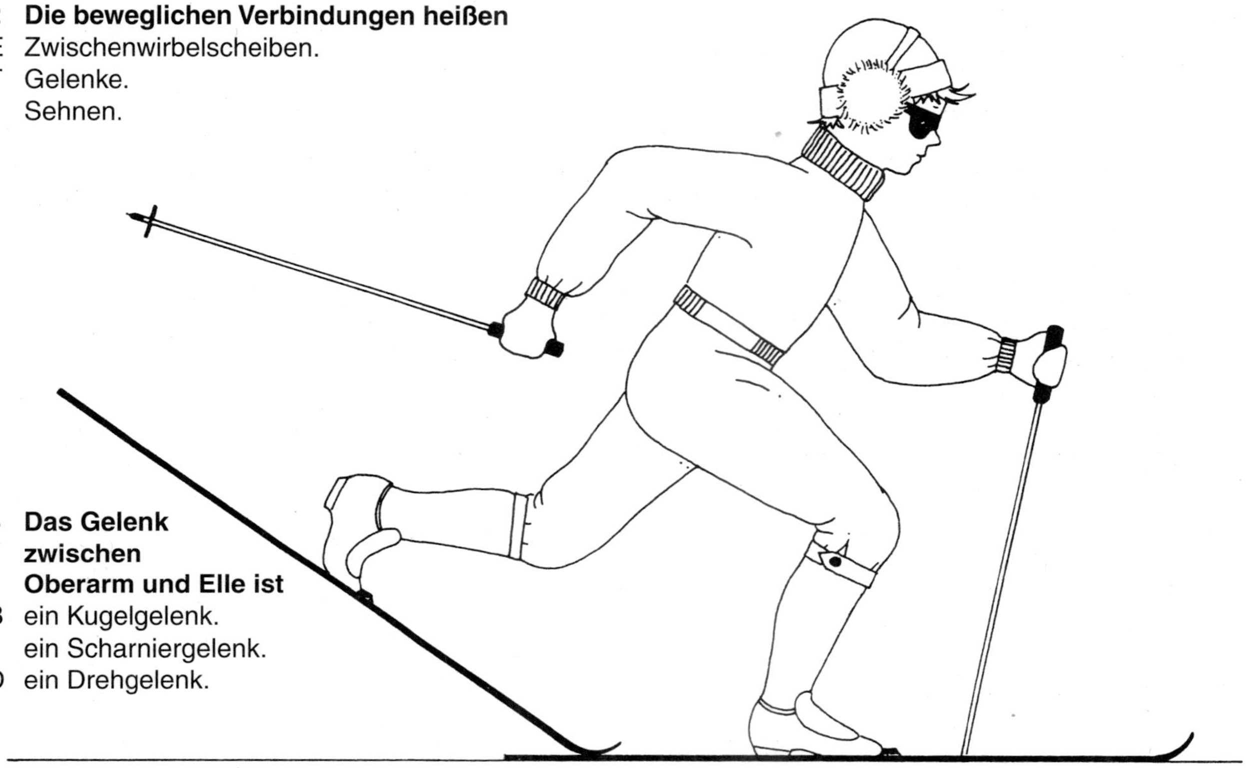

**4 Das Gelenk zwischen Oberarm und Elle ist**
B ein Kugelgelenk.
I ein Scharniergelenk.
D ein Drehgelenk.

**5 Das Hüftgelenk ist**
B ein Sattelgelenk.
S ein Kugelgelenk.
E ein Scharniergelenk.

**6 Das Schultergelenk ist**
N ein Scharniergelenk.
L ein Drehgelenk.
S ein Kugelgelenk.

**7 Drehgelenke ermöglichen Bewegungen**
B um eine Achse.
E in einer Richtung.
C in jeder Richtung.

**8 Die Rippen sind durch Gelenke verbunden mit**
E den Wirbeln.
N dem Brustbein.
H dem Schulterblatt.

**9 Ein Gelenk wird geschützt durch**
E die Gelenkscheide.
D die Gelenkpfanne.
I die Gelenkkapsel.

**10 Damit die Gelenke gesund bleiben, soll man sie**
R möglichst ruhig halten.
N möglichst täglich bewegen.
E möglichst viel belasten.

Die markierten Buchstaben ergeben den Namen einer Gruppe von Wirbeln, die beim Menschen – anders als bei den meisten Wirbeltieren – verkümmert und unbeweglich miteinander verwachsen sind.

Es sind die __ __ __ __ __ __ __ __ __ __ wirbel.
1 2 3 4 5 6 7 8 9 10

## In die richtige Reihenfolge bringen: Gewichtheben

| Thema | Spieldauer | Personen | Vorbereitung |
|---|---|---|---|
| Bewegung | 10 min | Einzelspiel ✏ | L: Vorlage kopieren |

### Einstieg

Die Muskulatur des Menschen
Die Arbeitsweise der Muskeln
Muskeln ermöglichen Bewegungen
Muskeln brauchen immer einen Gegenspieler

### Lösungen

Das Lösungswort heißt: MUSKELN.

### Zusatzinformationen

Bei einem bestimmten Bewegungsablauf, zum Beispiel beim Gewichtheben oder bei einem Sprint, muss das Gehirn den Befehl dazu an die entsprechenden Muskeln geben. Für alle Muskeln, die an der jeweiligen Bewegung beteiligt sind, lautet der Befehl aber nicht „Stoßen“ oder „Laufen“, sondern „Zusammenziehen“. Denn etwas anderes, als sich zusammenziehen, können die Muskeln nicht.
Um das Gelenk wieder zu strecken, müsste sich der Muskel wieder auseinanderziehen. Da er das alleine nicht kann, müssen bei jeder Bewegung zwei Muskeln zusammenarbeiten: Wenn der eine sich zusammenzieht, zieht er gleichzeitig den anderen auseinander. Man nennt diese beiden Muskeln **Gegenspieler**.

## In die richtige Reihenfolge bringen: Gewichtheben

Die Olympischen Spiele, die alle vier Jahre an einem anderen Ort ausgetragen werden, gehören zu den größten Sportereignissen der Erde. Bei den Sommerspielen werden zur Zeit Wettkämpfe in 32 Sportarten mit unterschiedlich vielen Disziplinen ausgetragen.

Hier sind verschiedene Phasen der Disziplin „Zweiarmiges Stoßen mit Ausfallschritt" abgebildet. Die Zeichnungen sind allerdings etwas durcheinandergeraten. Kannst du sie in die richtige Reihenfolge bringen?

Wenn du die Abbildungen dem Bewegungslauf folgend nummeriert hast, nennen dir die Kennbuchstaben – in umgekehrter (!) Reihenfolge gelesen – eine der körperlichen Voraussetzungen für das Gewinnen einer Medaille.

Das Lösungswort heißt __ __ __ __ __ __ __
7 6 5 4 3 2 1

## Rechenaufgabe: Gleiches Gewicht?

| Thema | Spieldauer | Personen | Vorbereitung |
|---|---|---|---|
| Sinnesorgane | 20 min | Einzelspiel ✏ Hausaufgabe | L: Vorlage kopieren |

### Einstieg

Lage- und Drehsinn

### Zusatzaufgabe

für Mathe-Fans:
Es sollen – möglichst wenige – Buchstaben aus der linken Waagschale herausgenommen werden, damit die Waagschalen wieder ins Gleichgewicht kommen. Welche Buchstaben sind das?

### Lösungen

Die linke Waagschale ist schwerer.

1. Die Buchstaben in der linken Waagschale ergeben die Wörter: LAGESINNESORGAN (160) und DREHSINNESORGAN (170),
2. die Buchstaben in der rechten Waagschale ergeben die Wörter: BOGENGAENGE (82), GLEICHGEWICHT (119) und INNENOHR (97).

1. 160 + 170 = 330
2. 82 + 119 + 97 = 298

Die „Gewichte" der Buchstaben:

| | | | | | | | | | | | | |
|---|---|---|---|---|---|---|---|---|---|---|---|---|
| A: 1 | B: 2 | C: 3 | D: 4 | E: 5 | F: 6 | G: 7 | H: 8 | I: 9 | J: 10 | K: 11 | L: 12 | M: 13 |
| N: 14 | O: 15 | P: 16 | Q: 17 | R: 18 | S: 19 | T: 20 | U: 21 | V: 22 | W: 23 | X: 24 | Y: 25 | Z: 26 |

Z Der „Gewichtsunterschied" beträgt 32 (= 330 - 298)
Die gesuchten Buchstaben sind: W + I (23 + 9 ) oder R + N (18 + 14)

### Zusatzinformationen

Unser „Zeiger" für das Gleichgewicht liegt im Innenohr: Gleichgewichtsorgan mit dem **Lagesinnesorgan** im Vorhof und dem **Drehsinnesorgan** in den Bogengängen. Jeder der Bogengänge liegt in einer der drei Richtungen, in denen wir uns bewegen können: vorwärts oder rückwärts, nach rechts oder nach links, nach oben oder nach unten. Deshalb kann das Gleichgewichtsorgan nicht nur anzeigen, ob eine Seite zu „schwer" ist, sondern auch, ob wir auf dem Kopf stehen, uns bücken oder uns im Kreis drehen.

## Rechenaufgabe: Gleiches Gewicht?

Manchmal kann man auf einem Wochenmarkt noch eine alte Balkenwaage sehen. Diese Waagen, bei denen das Gewicht nicht in Leuchtziffern abgelesen oder ausgedruckt werden kann, haben zwei Schalen. In die eine legt man Gewichtsteine und in die andere zum Beispiel so viele Äpfel, bis in jeder Schale das gleiche Gewicht erreicht ist. Man erkennt es daran, dass der Zeiger genau nach oben zeigt. Nimmt man aus einer Schale etwas weg, steigt diese in die Höhe. Die Waage kommt erst dann wieder ins Gleichgewicht, wenn man aus der anderen Schale das entsprechende Gewicht herausnimmt.

Bei jeder Bewegung, die wir machen, wird unser Gleichgewicht gestört. Wir müssen dann eine Gegenbewegung machen, um wieder „ins Gleichgewicht“ zu kommen. Das ist so, als legte man in eine der beiden Waagschalen etwas mehr als in die andere. Zum Ausgleich müsste man dann auch in die andere Schale noch etwas hineintun.

In den beiden Waagschalen hier sind Buchstaben aufgehäuft. Sie werden unterstützt, damit sie im Gleichgewicht sind. Welche Waagschale wird sich senken, wenn sie nicht mehr gehalten wird?
Ein Tipp: Die Buchstaben sind unterschiedlich „schwer“. Und zwar entspricht das „Gewicht“ jedes Buchstabens seinem Platz im Alphabet, also A = 1 und Z = 26.

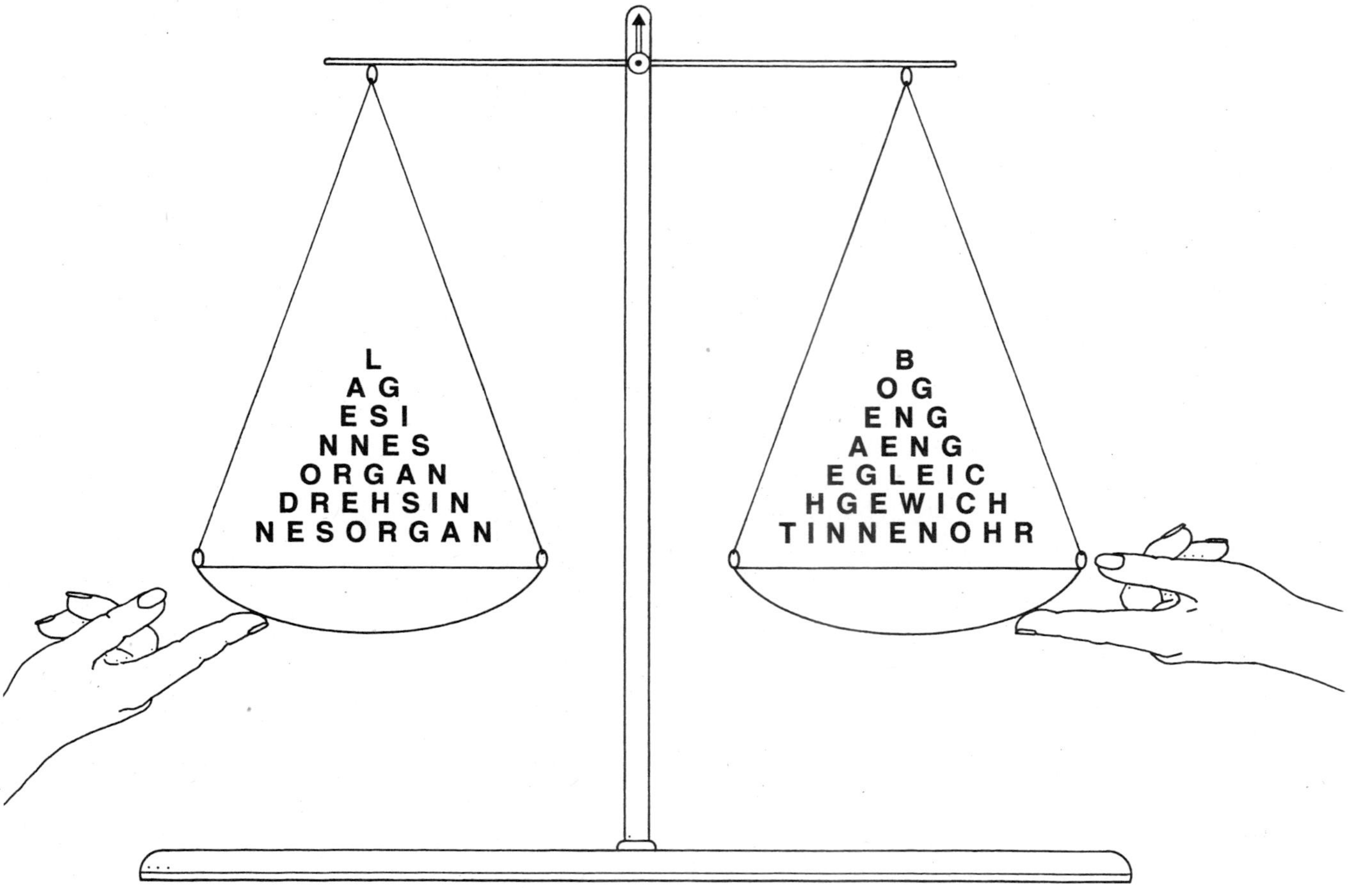


Welche Wörter kann man aus den Buchstaben bilden?
1. In der linken Waagschale:

______________________________

2. In der rechten Waagschale:

______________________________

| A | B | C | D | E | F | G | H | I | J | K | L | M | N | O | P | Q | R | S | T | U | V | W | X | Y | Z |
|---|---|---|---|---|---|---|---|---|---|---|---|---|---|---|---|---|---|---|---|---|---|---|---|---|---|
| 1 | 2 | 3 | 4 | 5 | 6 | 7 | 8 | 9 | 10 | 11 | 12 | 13 | 14 | 15 | 16 | 17 | 18 | 19 | 20 | 21 | 22 | 23 | 24 | 25 | 26 |

## Bilderrätsel: Ganz tief einatmen!

| Thema | Spieldauer | Personen | Vorbereitung |
|---|---|---|---|
| Stoffwechsel | 5 min | Einzelspiel ✏ | L: Vorlage kopieren |

### Einstieg

Atmung ist lebensnotwendig
Warum müssen wir atmen?
Wie atmet der Mensch?
Vorgänge bei der Atmung
Bau und Arbeitsweise der Lunge
Bau der Lunge und Vorgänge bei der Atmung
Was geschieht in den Lungen?
Welchen Weg nimmt die Atemluft im Körper?

**INFO!**
Nase, Rachen und Luftröhre bezeichnet man als Atemwege. Das Organ zum Atmen ist die Lunge. Doch die Lunge kann nicht selbstständig Luft einsaugen und auspusten. Für die Bewegungen beim Atmen sind die Muskeln am Brustkorb und das Zwerchfell zuständig.
Bei der **Brustatmung** arbeiten die Muskeln zwischen den Rippen, um im Brustkorb mehr Platz für die Luft zu machen. Die Muskeln heben die Rippen, der Brustkorb wird erweitert und Luft kann in die Lunge einströmen. Wenn die Rippen wieder sinken, wird der Brustkorb enger und die Luft strömt aus der Lunge.
Man kann auch atmen, ohne den Brustkorb zu bewegen. Dann drückt sich aber der Bauch heraus. Man nennt das dann Bauchatmung. Bei der **Bauchatmung** arbeitet das Zwerchfell. Es liegt unterhalb der Lunge, besteht aus Muskeln und hat die Form einer hohen Doppelkuppel, ähnlich wie ein Tenniszelt. Bei der Bauchatmung ziehen sich die Muskeln zusammen. Dadurch wird der Brustraum vergrößert, gleichzeitig wird aber der Bauchraum kleiner. Die Baucheingeweide haben nicht mehr genug Platz und drücken sich heraus.

**Zwerchfell**
Wenn man den Namen Zwerchfell hört, denkt man vielleicht an die Haut von einem kleinen Wicht. Das Zwerchfell ist aber eine Trennwand zwischen Brusthöhle und Bauchhöhle. „Zwerch“ ist ein altes Wort für quer. Und weil die Trennwand quer im Körper liegt, wird sie Zwerchfell genannt. Mit einem Zwerg hat das gar nichts zu tun.

### Lösungen

Die Lösung lautet: AN DER BAUCHATMUNG IST DAS ZWERCHFELL BETEILIGT.

HAND KERZE BAUCH BLATT MUND AST DACH ZWERG FELL BETT EI LICHT

## Bilderrätsel: Ganz tief einatmen!

Hast du dir schon einmal überlegt, womit du atmest? Du kannst durch die Nase einatmen und durch den Mund ausatmen – und umgekehrt. Die Luft, die eingeatmet wird, bleibt aber nicht in der Nase oder im Rachen. Sie strömt weiter durch die Luftröhre in die Lunge. Nase, Rachen und Luftröhre bezeichnet man als Atemwege. Das Organ zum Atmen ist die Lunge. Doch die Lunge kann nicht selbstständig Luft einsaugen. Die Bewegungen beim Atmen machen verschiedene Muskeln, zum Beispiel die Zwischenrippenmuskeln.

Wenn du die Bilder in Buchstaben und Wörter übertragen hast, wird daraus ein Satz. Er sagt etwas darüber aus, welcher Muskel sonst noch für die Atembewegungen zuständig ist.

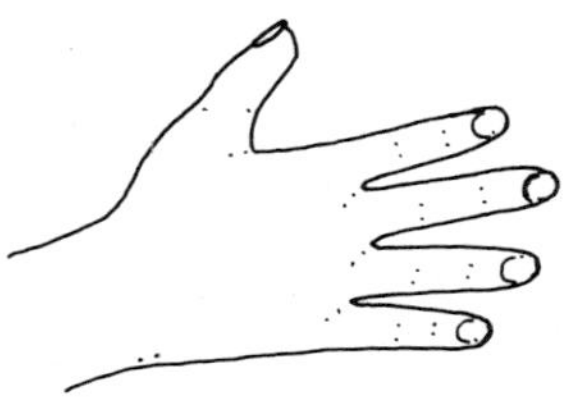

~~1~~, ~~4~~

1 = D, ~~4~~, ~~5~~

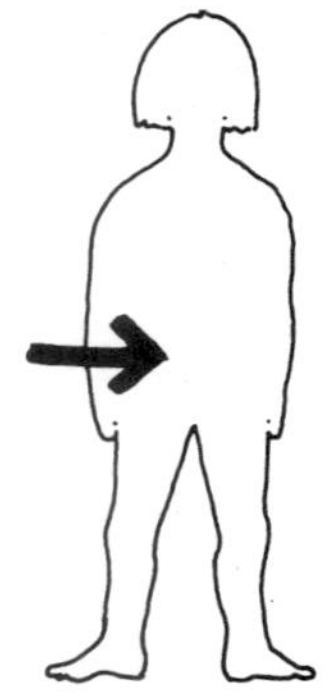

~~1~~, ~~2~~, ~~5~~

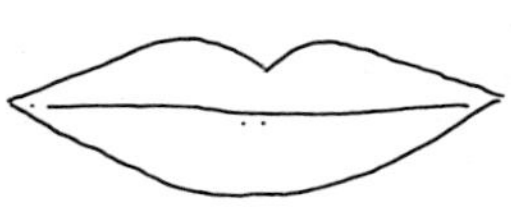

4 = G

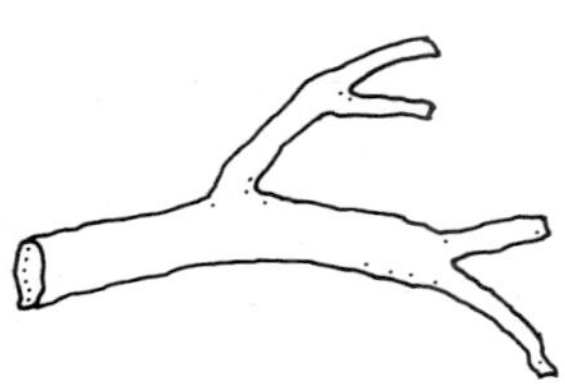

1 = I

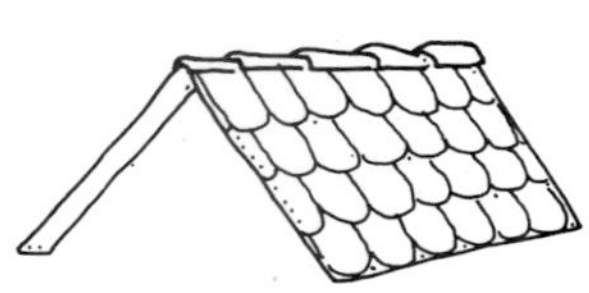

3 = S, ~~4~~

5 = CH

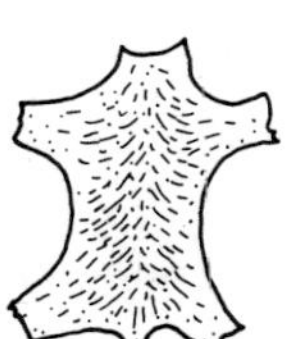

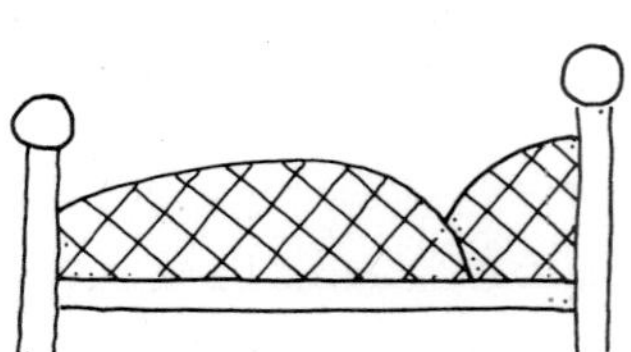

~~4~~

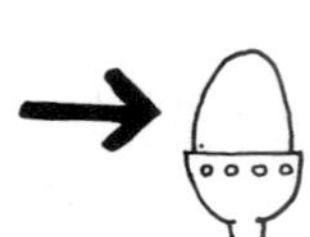

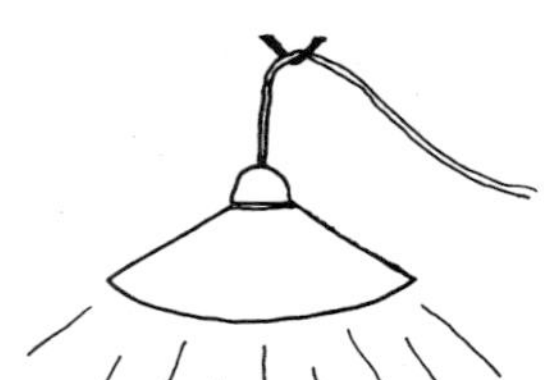

3 = G, ~~4~~

_ _   _ _ _ _   _ _ _ _ _ _ _ _ _ _ _ _ _   _ _ _ _

_ _ _   _ _ _ _ _ _ _ _ _ _ _ _ _ _ _   _ _ _ _ _ _ _ _ _ _ _ _ _ _

## Würfelspiel: Mehr oder weniger aufgeblasen

Bei diesem Spiel können beliebig viele Kinder mitspielen. Es sollten aber wenigstens vier sein.

Ihr braucht zum Spielen

- *den Spielplan,*
- *die Frage- und Antwortkarten,*
- *zwei Würfel und*
- *viele Spielsteine, Knöpfe oder Münzen.*

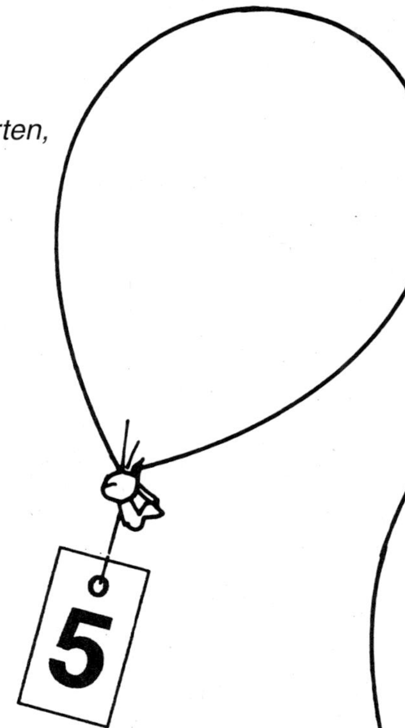

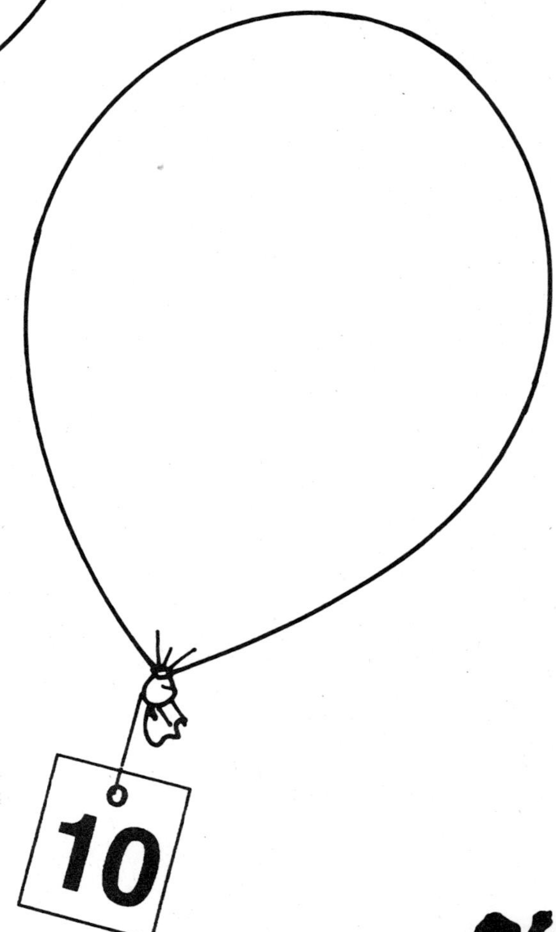


### Spielanleitung

Ein Kind wird zur „Luftaufsicht im Kontrollturm“ gewählt und verwaltet den Stapel mit Frage- und Antwortkarten. Die anderen erhalten jeweils die gleiche Anzahl Spielsteine. Man würfelt mit zwei Würfeln und zählt die Zahlen zusammen. Wer am jüngsten ist, fängt an. Dann geht es der Reihe nach weiter.

- Wer 3, 4, 5, 6 oder 8, 9, 10, 11 würfelt, legt einen Spielstein auf den Luftballon mit der entsprechenden Nummer. Wenn dort schon ein Stein liegt, darf man diesen wegnehmen und braucht nichts hinzulegen.
- Wer 7 würfelt, muss immer einen Spielstein in die Kiste legen – auch wenn dort schon etwas liegt.
- Wer 2 oder 12 würfelt, braucht nichts hinzulegen. Wenn er etwas abräumen will, muss er zuerst eine Frage richtig beantworten. Dazu wird von der „Luftaufsicht“ die Frage von der obersten Fragekarte vorgelesen und die Antwort überprüft. Die Fragekarte wird dann wieder unter den Stapel gelegt.
  Wer 2 gewürfelt hat und die richtige Antwort weiß, darf alle Ballons leeren.
  Wer 12 gewürfelt hat und die richtige Antwort weiß, darf alles abräumen – auch das, was in der Kiste liegt.

Wenn einer keine Spielsteine mehr hat, ist das Spiel beendet. Wer dann die meisten Spielsteine eingesammelt hat, hat gewonnen.

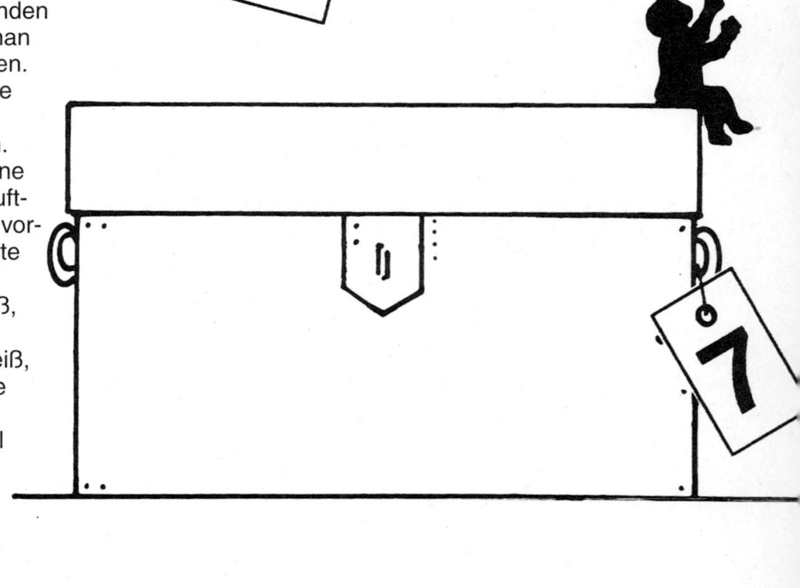

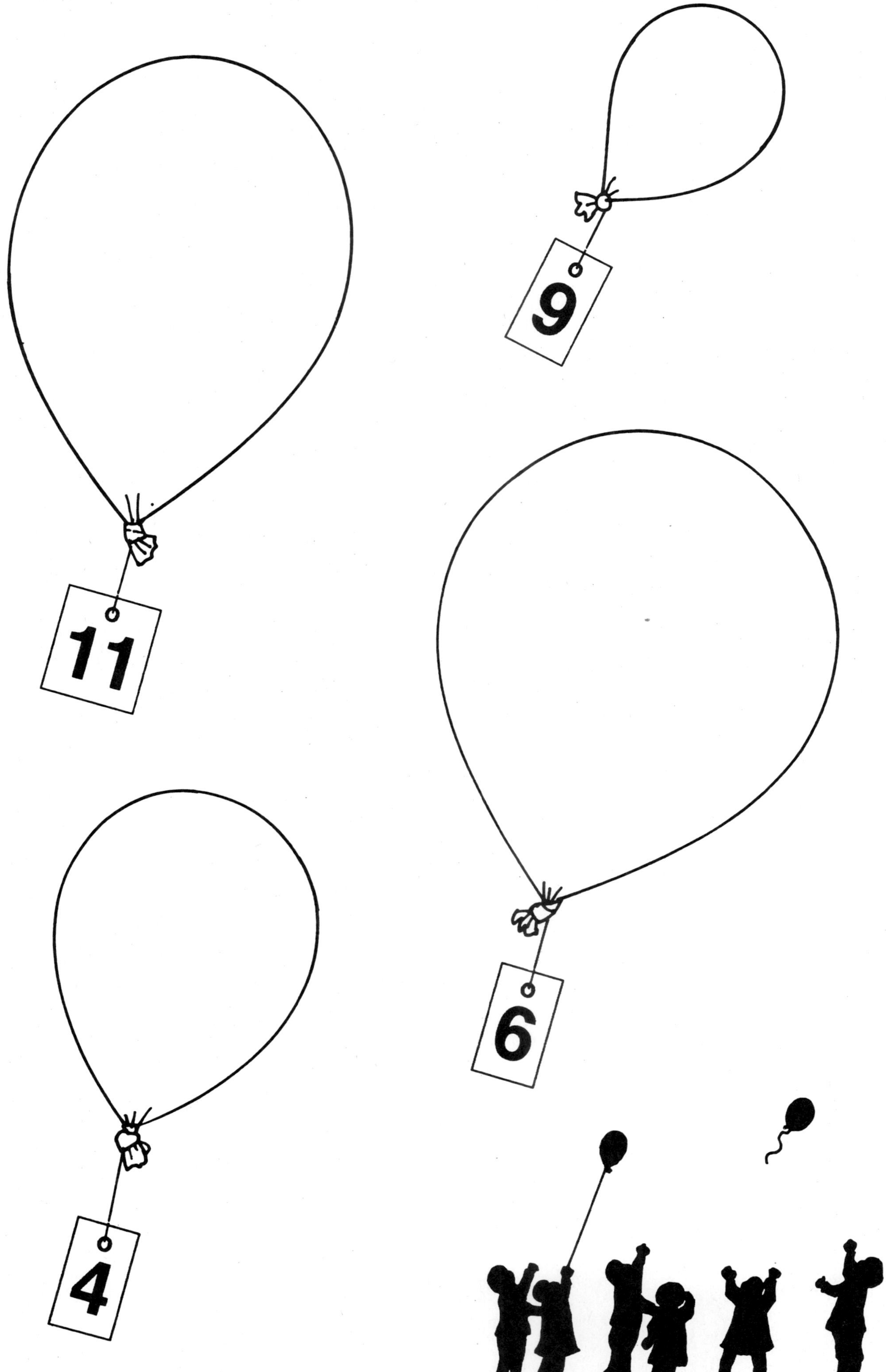
11
9
6
4

 

## Würfelspiel: Mehr oder weniger aufgeblasen

| Thema | Spieldauer | Personen | Vorbereitung |
|---|---|---|---|
| Stoffwechsel | 20-30 min | 4-6 Personen | L: Vorlage kopieren<br>S: Spielsteine, Würfel, Schere, Karton, Klebstoff |

### Einstieg

Wie atmet der Mensch?
Vorgänge bei der Atmung
Bau und Arbeitsweise der Lunge

**INFO!**
Wenn man einen Luftballon aufblasen will, gelingt das meist nicht mit einem einzigen Atemzug. Man muss immer wieder neu Luft holen. In unsere Lunge passt zwar ungefähr so viel Luft wie in einen Luftballon, wir können aber nie alles auf einmal auspusten. Ein Rest bleibt immer in der Lunge zurück – ein kleiner Vorrat für Notfälle.
Unsere **Atemluft** ist ein Gemisch aus verschiedenen Gasen. Das, was unser Körper davon braucht, ist Sauerstoff. Aber nur der fünfte Teil der eingeatmeten Luft ist Sauerstoff. Den Rest atmen wir wieder aus: Stickstoff, Wasserdampf, andere Gase und Kohlenstoffdioxid. Die Luft in einem Luftballon, den man selbst aufgeblasen hat, hat also eine andere Zusammensetzung als die Luft außerhalb des Ballons.

## Würfelspiel: Mehr oder weniger aufgeblasen

**Frage- und Antwortkarten zum Luftballonspiel (auf Karton aufkleben und ausschneiden)**

Die richtige Antwort auf die Frage ist jeweils **fett** gedruckt.

| | |
|---|---|
| Welcher Muskel arbeitet bei der Bauchatmung?<br><br>Der Bauchmuskel oder **das Zwerchfell**? | Die Atemluft ist ein Gemisch aus verschiedenen Gasen. Was braucht der Körper davon?<br><br>**Sauerstoff** oder Stickstoff? |
| Als was bezeichnet man Nase, Rachen und Luftröhre?<br><br>Als Atemorgane oder **als Atemwege**? | Wovon sind die Lungenbläschen umgeben?<br><br>Von Lymphbahnen oder **von Haargefäßen**? |
| Wie viel Luft passt in die Lunge eines Erwachsenen?<br><br>Etwa 1 Liter oder **etwa 4 Liter**? | Beim Stoffwechsel entsteht auch „Abfall“.<br><br>Ist dieser Abfall Sauerstoff oder **Kohlenstoffdioxid**? |
| Welches ist das Organ zum Atmen?<br><br>Die Nase oder **die Lunge**? | Wie hoch ist der Anteil an Sauerstoff in der eingeatmeten Luft?<br><br>Etwa die Hälfte oder etwa **ein Fünftel**? |
| Welche Muskeln arbeiten bei der Brustatmung?<br><br>**Die Zwischenrippenmuskeln** oder das Zwerchfell? | Was ist das Zwerchfell?<br><br>Die Haut eines kleinen Wichtes oder **die Trennwand** zwischen Brusthöhle und Bauchhöhle? |
| Wie nennt man die beiden Äste, in die sich die Luftröhre teilt?<br><br>**Bronchien** oder Lungenflügel? | Welche Blutzellen übernehmen den Sauerstofftransport von der Lunge in den Körper?<br><br>Die weißen oder **die roten**? |
| Was befindet sich am Ende der kleinsten Ästchen in der Lunge?<br><br>**Lungenbläschen** oder Blutkörperchen? | Bronchitis ist eine Erkältung der Atemwege. Was ist damit gemeint?<br><br>**Husten** oder Schnupfen? |

## Kreuzworträtsel: Gut durchblutet

| Thema | Spieldauer | Personen | Vorbereitung |
|---|---|---|---|
| Stoffwechsel | 10 min | Einzelspiel ✏ | L: Vorlage kopieren |

### Einstieg

Das Blutgefäßsystem
Das Adersystem des Körpers
Blut strömt in einem geschlossenen Kreislauf

### Lösungen

Das Lösungswort heißt: KAPILLAREN.

1 HERZKAMMER
2 LUNGENARTERIE
3 KOERPERVENE
4 NIEREN
5 HERZKLAPPEN
6 LEBER
7 SCHEIDEWAND
8 VORHOF
9 KOERPERARTERIE
10 LUNGENVENE

## Kreuzworträtsel: Gut durchblutet

Das Blut fließt in einem geschlossenen Röhrensystem durch den Körper. Diese Röhren nennt man Adern oder Blutgefäße. Sie bilden ein weit verzweigtes Netz von „Einbahnstraßen", über die alle Körperteile und Gewebe mit Sauerstoff versorgt und von Abfall wie zum Beispiel Kohlenstoffdioxid befreit werden. Je nachdem, ob die Blutgefäße zum Herzen hin oder vom Herzen weg führen, werden sie verschieden benannt.

In dem Schema des Blutkreislaufs sind einige Gefäße, Teile des Herzens und Organe durch Ziffern gekennzeichnet.

Trage die passenden Bezeichnungen in die entsprechenden Kästchen ein. (Ä, Ö und Ü sind zwei Buchstaben: AE, OE und UE.)

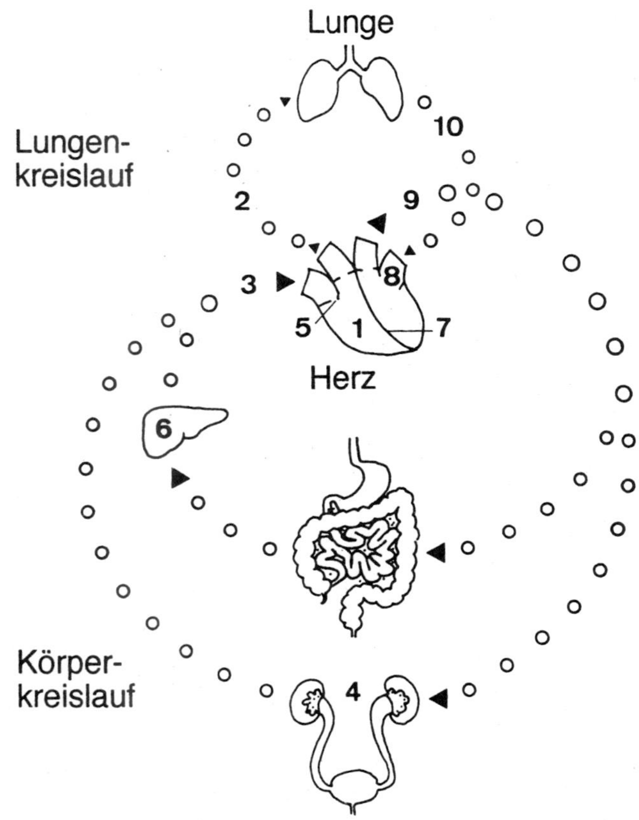


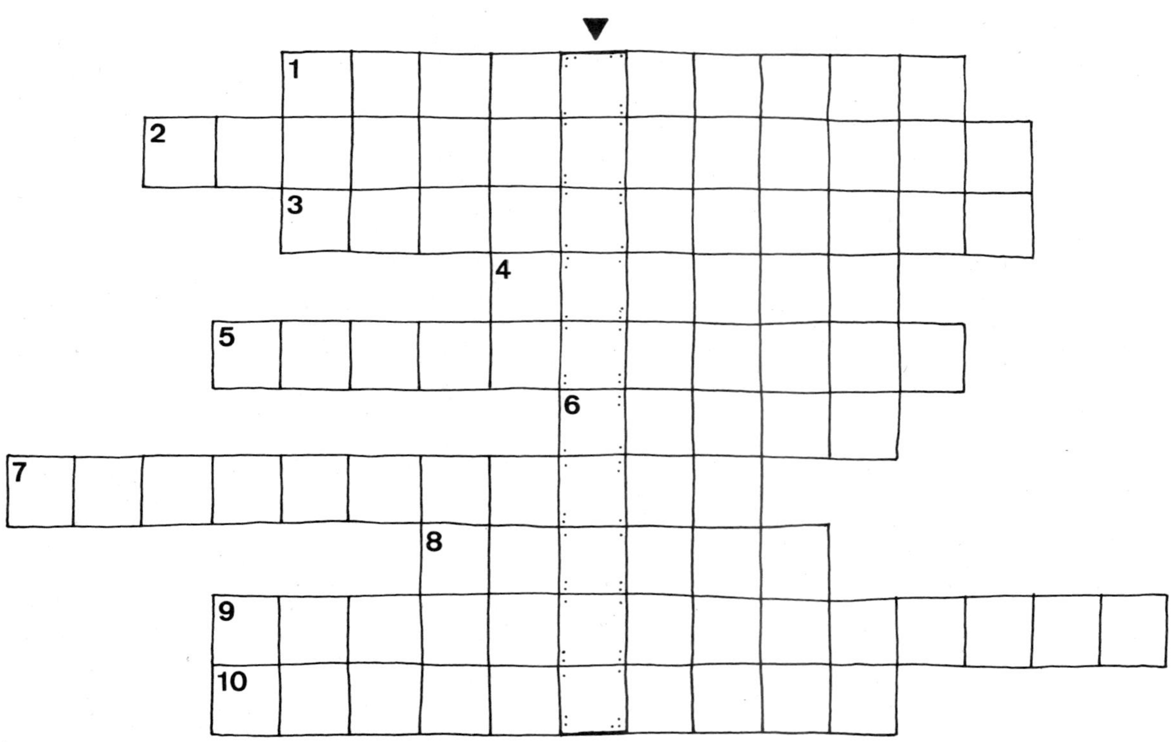


Die gekennzeichneten Buchstaben – von oben nach unten gelesen – verraten dir die Bezeichnung für die feinsten Blutgefäße.

Man nennt sie __ __ __ __ __ __ __ __ __ __
1 2 3 4 5 6 7 8 9 10

## In die richtige Reihenfolge bringen: Herzklopfen

| Thema | Spieldauer | Personen | Vorbereitung |
|---|---|---|---|
| Stoffwechsel | 5 min | Einzelspiel ✏ | L: Vorlage kopieren |

### Einstieg

Das Herz hält den Blutkreislauf in Gang
Das Herz – Arbeit ohne Pause

### Lösungen

Das Lösungswort heißt: STETHOSKOPE.

## In die richtige Reihenfolge bringen: Herzklopfen

Früher war man der Meinung, das Herz sei ein Organ für Gefühle, vor allem für Liebe. Auch heute werden noch Herzchen auf Briefe gemalt oder Lebkuchenherzen verschenkt, wenn man zeigen will, dass man jemand mag. Unsere Gefühle können zwar manchmal die Arbeit des Herzens beeinflussen, sie kommen aber nicht „von ganzem Herzen“.

Das Herz ist allein dazu da, um das Blut durch den Körper zu pumpen. Das macht es ungefähr 60- bis 70-mal in jeder Minute – ohne Pause, Tag und Nacht. In 24 Stunden pumpt es die gesamte Blutmenge ungefähr tausendmal durch den Körper.

Hier sind verschiedene Phasen des Pumpvorgangs dargestellt. (Ein Tipp: Es gibt vier Phasen, die sich immer wiederholen.) Wenn du sie in die richtige Reihenfolge gebracht hast, erfährst du die Bezeichnung für die Geräte, mit denen man den Herzschlag abhören kann. Eine Hilfe: Der Buchstabe S ist schon an den passenden Stellen des Wortes eingesetzt.

Man nennt sie S _ _ _ _ _ S _ _ _ _

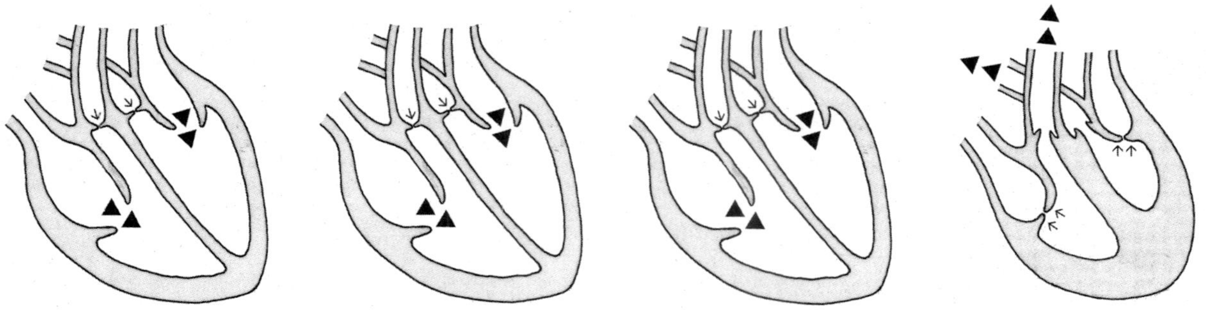

S E E K

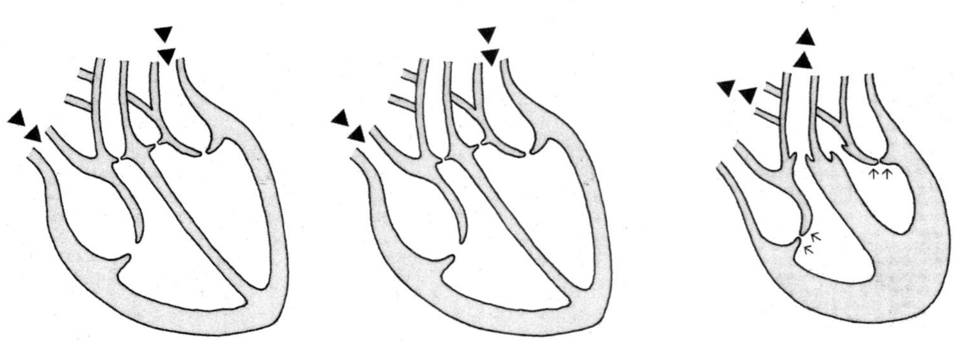

H O T

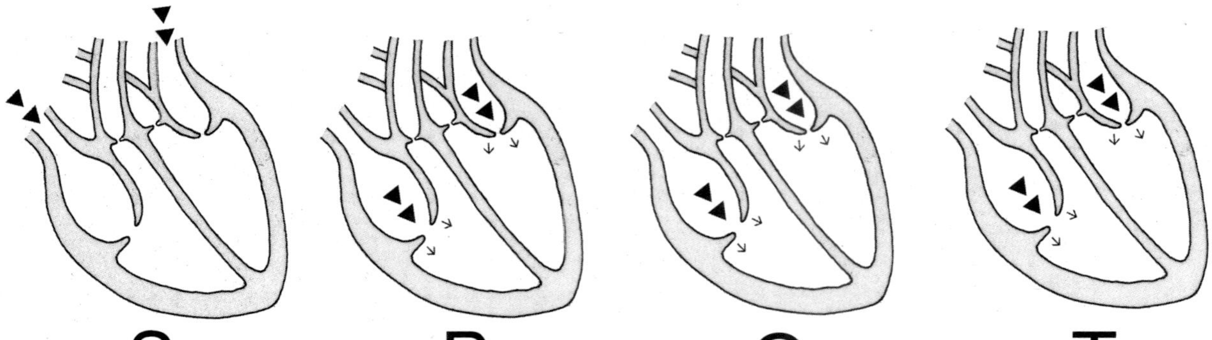

S P O T

 

## Wörter zusammensetzen: Coole Vampire

| Thema | Spieldauer | Personen | Vorbereitung |
|---|---|---|---|
| Stoffwechsel | 10 min | Einzelspiel ✏ | L: Vorlage kopieren |

### Einstieg

Zusammensetzung und Aufgaben des Blutes
Das Blut – ein lebenswichtiges Transportmittel
Das Blut – ein Transportmittel mit vielfältigen Aufgaben
Transport von Nähr- und Abfallstoffen
Der Wundverschluss
Die Blutgruppen: ABO-System und Rhesusfaktor

### Lösungen

Das Lösungswort heißt: RHESUSFAKTOR.

Die gesuchten Bestandteile des Blutes sind:

| | | |
|---|---|---|
| SE | RUM | 4. Buchstabe: U |
| PLAS | MA | 4., 6. Buchstabe: S A |
| HÄMO | GLOBIN | 7. Buchstabe: O |
| PLÄTT | CHEN | 7. Buchstabe: H |
| FIBRI | NOGEN | 9. Buchstabe: E |
| ERYTHRO | ZYTEN | 6. Buchstabe: R |
| LEUKO | ZYTEN | 8. Buchstabe: T |
| THROMBO | ZYTEN | 3. Buchstabe: R |
| SAUER | STOFF | 6., 10. Buchstabe: S F |
| ZU | CKER | 4. Buchstabe: K |

## Wörter zusammensetzen: Coole Vampire

Die Zeiten, in denen Vampire nach Mitternacht wach wurden und sich auf die Suche nach Menschen machten, denen sie Blut aussaugen konnten, sind vorbei. Heutzutage treffen sich coole Vampire nachts zum Beispiel im Plasma-Club oder in der Kapillar-Bar.

Die Vampire Drac, Acul und Ula unterhalten sich über ihre Lieblingsdrinks. Drac steht auf Leukorum, Acul findet Plättstoff geil und Ula wirft ab und zu ein paar Sezyten ein. In der Kapillar-Bar werden aber noch andere Mitternachts-Cocktails angeboten.

Hier ist die Karte:

**Unsere Getränke**

| | |
|---|---|
| ERYTHROMA | ♥♥ |
| HÄMONOGEN | ♥ |
| LEUKORUM | ♥♥ |
| PLÄTTSTOFF | ♥ |
| THROMBOGLOBIN | ♥ |

**Unsere Snacks**

| | |
|---|---|
| FIBRICKER | ♥ |
| PLASCHEN | ♥♥ |
| SAUERZYTEN | ♥ |
| SEZYTEN | ♥ |
| ZUZYTEN | ♥♥ |

Welche Bestandteile des Blutes sind hier verarbeitet worden?
Ergänze jeweils den passenden Rest des Namens.

| | | |
|---|---|---|
| SE | _ _ _ | 4. Buchstabe: _ |
| PLAS | _ _ | 4. Buchstabe: _ , 6. Buchstabe: _ |
| HÄMO | _ _ _ _ _ _ | 7. Buchstabe: _ |
| PLÄTT | _ _ _ _ | 7. Buchstabe: _ |
| FIBRI | _ _ _ _ _ | 9. Buchstabe: _ |
| ERYTHRO | _ _ _ _ | 6. Buchstabe: _ |
| LEUKO | _ _ _ _ _ | 8. Buchstabe: _ |
| THROMBO | _ _ _ _ _ | 3. Buchstabe: _ |
| SAUER | _ _ _ _ _ | 6. Buchstabe: _ ,10. Buchstabe: _ |
| ZU | _ _ _ _ | 4. Buchstabe: _ |

Eine Zutat, die in keinem Drink fehlen darf, wird auf der Karte nicht erwähnt. Du erfährst sie, wenn du die angegebenen Buchstaben in die richtige Reihenfolge bringst. (Eine Hilfe: Der Buchstabe R ist schon an den passenden Stellen des Wortes eingesetzt.)

R _ _ _ _ _ _ _ _ _ _ R

 

## Zuordnen: Reparaturdienst

| Thema | Spieldauer | Personen | Vorbereitung |
|---|---|---|---|
| Stoffwechsel | 10 min | Einzelspiel ✏ | L: Vorlage kopieren |

### Einstieg

Der Wundverschluss

### Lösungen

Das Lösungswort heißt: VENEN.
1 V, 2 E, 3 N, 4 E, 5 N

### Zusatzinformationen

Damit man bei einer kleineren Verletzung nicht zu viel Blut verliert, läuft eine Kettenreaktion ab, die man Blutgerinnung nennt. Bei einer größeren Verletzung oder einer Operation kann der Körper ziemlich schnell zu viel Blut verlieren. Dann wird eine Blutübertragung oder **Bluttransfusion** erforderlich. Denn wenn nicht mehr genug von dem „Transportmittel" Blut zur Verfügung steht, funktioniert die gesamte Versorgung im Körper nicht mehr.
Für eine Bluttransfussion braucht man Blut von anderen Menschen. Das Blut, das von gesunden Menschen gespendet worden ist, wird in einer Blutspendezentrale genau untersucht. Dann wird es zu Blutkonserven verarbeitet. Nach einer Verletzung sind diese wichtige „Lebensmittel" (vgl. Material 23).

## Zuordnen: Reparaturdienst

Eine kleine Verletzung heilt meist von ganz alleine. Im Folgenden ist beschrieben, was dabei mit der Wunde geschieht.

Wenn du die Texte passend zu den Abbildungen in die richtige Rei-hen-folge gebracht hast, ergeben die Kennbuchstaben die Bezeichnung für die Art von Blutgefäßen, die bei kleinen Verletzungen meistens betroffen sind. Aber aufgepasst: Nur fünf der acht Texte beschreiben die jeweiligen Vorgänge richtig!

Es sind die __ __ __ __ __
1 2 3 4 5

☐ **N**
Die Reparatur der Wunde dauert ein paar Tage. Dabei wird die Wand des Gefäßes ausgebessert und das Gewebe vernarbt. Der Schorf, der die Wunde so lange bedeckt, fällt später von alleine ab.

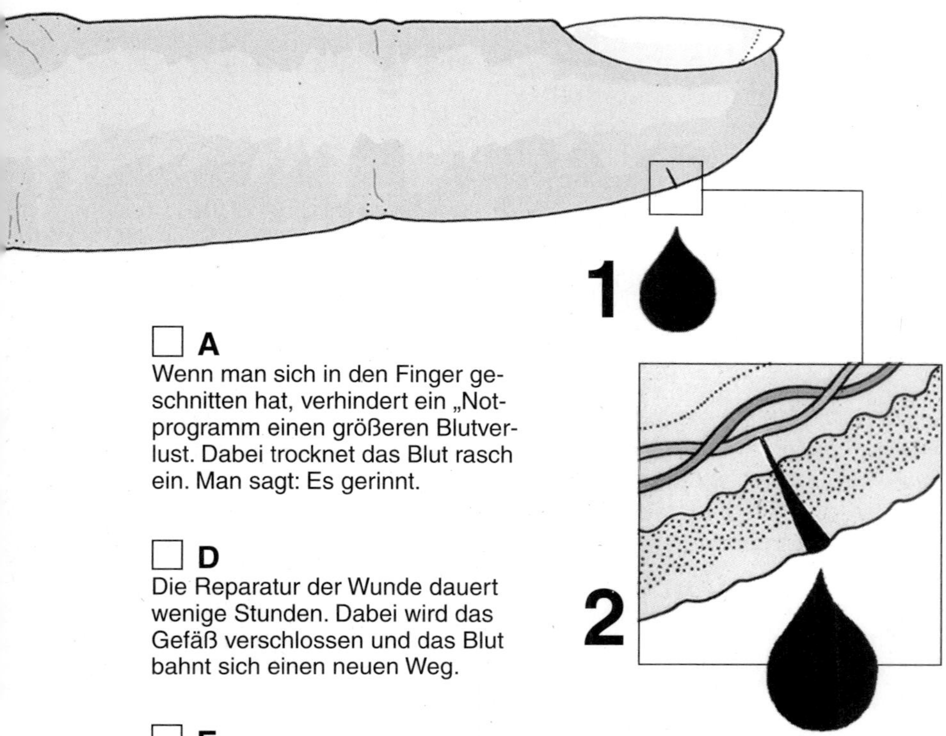

1

2

☐ **N**
Nach kurzer Zeit hört eine kleine Wunde von alleine auf zu bluten. Dabei zieht sich zuerst die Wand des verletzten Blutgefäßes zusammen, sodass die „undichte Stelle" kleiner wird. So wird ein größerer Blutverlust verhindert.

☐ **A**
Wenn man sich in den Finger geschnitten hat, verhindert ein „Notprogramm einen größeren Blutverlust. Dabei trocknet das Blut rasch ein. Man sagt: Es gerinnt.

☐ **D**
Die Reparatur der Wunde dauert wenige Stunden. Dabei wird das Gefäß verschlossen und das Blut bahnt sich einen neuen Weg.

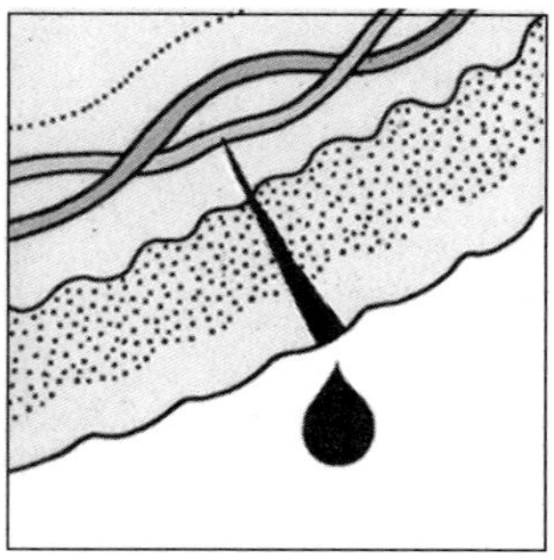

3

☐ **E**
Das Blut gerinnt, die Blutplättchen geben einen chemischen Stoff in die Blutflüssigkeit ab, der bewirkt, dass nach wenigen Minuten Eiweißstoffe und Blutkörperchen zusammenkleben. Das verletzte Gefäß wird mit einem Blutpfropf abgedichtet.

☐ **R**
Das verletzte Gefäß wird nach wenigen Minuten mit einem Pfropf aus weißen Blutkörperchen abgedichtet.

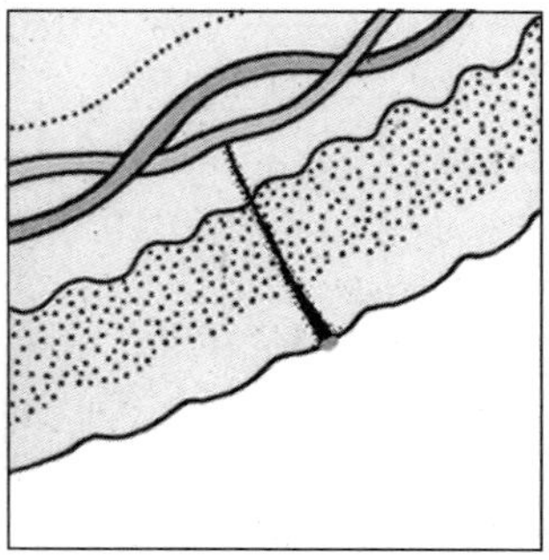

4

☐ **E**
Mit dem austretenden Blut werden Krankheitserreger ausgeschwemmt und die Wunde gereinigt.

☐ **V**
Bei einer kleinen Verletzung, zum Beispiel wenn man sich in den Finger geschnitten hat, tropft das Blut aus der Wunde.

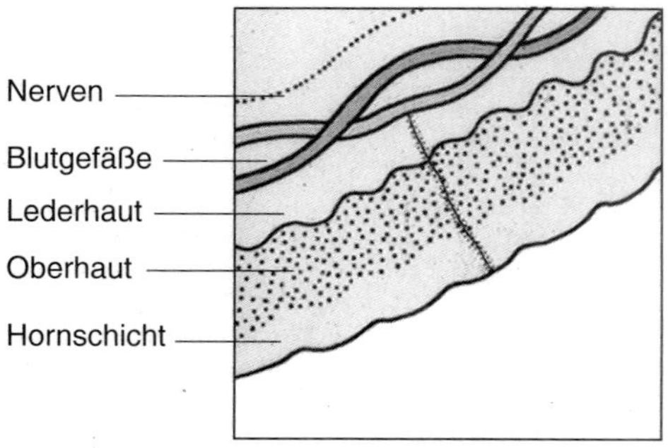


5

## Ergänzen: Ein wichtiges Lebensmittel

| Thema | Spieldauer | Personen | Vorbereitung |
|---|---|---|---|
| Stoffwechsel | 5 min | Einzelspiel ✏ | L: Vorlage kopieren |

### Einstieg

Blutgruppen
Die Blutgruppen: ABO-System und Rhesusfaktor

**INFO!**
Die Aufgaben, die das Blut im Körper hat, sind bei allen Menschen gleich. Bei einer genauen Untersuchung des Blutes von verschiedenen Menschen, stellt man aber fest, dass es bestimmte Unterschiede gibt. Diese Unterschiede sind zum Beispiel bei einer Blutübertragung wichtig. Man kann das Blut eines Menschen nämlich nicht mit Blut von jedem anderen Menschen vermischen.
In der Blutflüssigkeit können zwei verschiedene „Klebstoffe“ vorkommen. Im Blut eines bestimmten Menschen gibt es entweder einen der beiden Klebstoffe oder beide oder aber gar keinen. Nach diesen Merkmalen werden vier **Blutgruppen** unterschieden:
A, B, AB und 0 (Null).
Die Klebstoffe in der Blutflüssigkeit sind „Spezialkleber“ für rote Blutkörperchen. Natürlich nicht für die Blutkörperchen im eigenen Blut, sonst würden die feinen Blutgefäße durch die zusammengeklebten Blutkörperchen verstopft und die ganze Versorgung würde gestört.
Der A-Kleber klebt nur die Blutkörperchen der **Blutgruppe A** zusammen, darf daher nicht im Blut der Blutgruppe A vorkommen. Dort gibt es nur B-Kleber.
Bei der **Blutgruppe B** ist es umgekehrt: nur A-Kleber.
In der **Blutgruppe AB** kommen rote Blutkörperchen A und rote Blutkörperchen B vor. Deshalb darf es da gar keinen Klebstoff geben.
Die **Blutgruppe 0** enthält beide Klebstoffe. „Null“ heißt nicht, dass keine roten Blutkörperchen vorkommen. Die Blutkörperchen der Blutgruppe 0 lassen sich mit keinem der Klebstoffe kleben.
Wird Blut verschiedener Blutgruppen vermischt, können zum Beispiel Blutkörperchen A und A-Kleber zusammenkommen: Das Blut verklumpt. Das darf bei einer Blutspende nicht passieren.

### Lösungen

Das Lösungswort heißt: BLUTGRUPPE.

So lautet der vollständige Text:
Komm und tu ein gutes Werk, spende Blut: Blutspenden kann Leben retten!

## Ergänzen: Ein wichtiges Lebensmittel

Martina hat zum Thema Blutspenden ein Poster gemalt und zum Trocknen auf den Boden gelegt. Dummerweise ist ihr Hund von draußen hereingekommen und mit seinen nassen Pfoten über das Zeichenblatt gelaufen und hat einiges verwischt. Kannst du den Text ergänzen?

Wenn du das Poster ausgebessert hast, verraten dir die Buchstaben, die völlig verwischt waren – in die richtige Reihenfolge gebracht –, was bei einer Blutübertragung oder Bluttransfusion wichtig ist.

Es ist die _ _ _ _ _ _ _ _ _ _ _

## In die richtige Reihenfolge bringen: „Gut gekaut ist halb verdaut!"

| Thema | Spieldauer | Personen | Vorbereitung |
|---|---|---|---|
| Stoffwechsel | 10 min | Einzelspiel ✏ | L: Vorlage kopieren |

### Einstieg

Gut gekaut ist halb verdaut
Der Weg der Nahrung durch unseren Körper
Verdauung in Mund und Magen
Verdauungsvorgänge im Dünndarm
Verdauungsvorgänge im Dickdarm

**INFO!**
Dort, wo der Dünndarm in den Dickdarm mündet, gibt es ein kurzes Darmstück, das „blind" endet und deshalb **Blinddarm** genannt wird. An seinem Ende hängt ein wurmförmiges Anhängsel: der **Wurmfortsatz**. Wenn man hört, dass „der Blinddarm entzündet ist", ist immer das kleine Anhängsel gemeint. Und wenn jemand „am Blinddarm operiert wird", wird auch nur der Wurmfortsatz abgeschnitten, nie der Blinddarm.

### Lösungen

Das Lösungswort heißt: WURMFORTSATZ.
1 W, 2 U, 3 R, 4 M, 5 F, 6 O, 7 R, 8 T, 9 S, 10 A, 11 T, 12 Z

### Zusatzinformationen

Speichel ist eine wasserklare Flüssigkeit, die aber leicht Fäden zieht. Das merkt man meist nur, wenn man z. B. bei einer Zahnuntersuchung ausspucken soll. Dann ist auf einmal ziemlich viel Speichel da. Die Speicheldrüsen geben zweierlei Speichel ab. Der schleimige Speichel macht die Speisen gleitfähig. Der dünnflüssige Speichel enthält Verdauungssaft.
Die größten Speicheldrüsen sind die Ohrspeicheldrüsen, die Unterkieferspeicheldrüsen und die Unterzungenspeicheldrüse. An den Namen kann man schon ablesen, wo sie liegen. In den Lippen, auf der Zungenspitze und in den Wangen gibt es noch weitere kleinere Speicheldrüsen.

## In die richtige Reihenfolge bringen: „Gut gekaut ist halb verdaut!"

Das Sprichwort meint, dass die Verdauung schon im Mund beginnt. Alles, was wir gegessen haben, wird von einem Abschnitt des Verdauungskanals zum nächsten weitergegeben und dabei von den Verdauungssäften chemisch zerlegt.

Wenn du die Beschreibungen der einzelnen Abschnitte des Verdauungskanals in der richtigen Reihenfolge nummeriert hast, ergeben die Kennbuchstaben die Bezeichnung für einen kleinen Teil unseres Verdauungskanals.

Es ist der __ __ __ __ __ __ __ __ __ __ __ __
1 2 3 4 5 6 7 8 9 10 11 12

☐ **A**
Das, was von der Nahrung übrig bleibt, sind hauptsächlich Zellwände von Pflanzen. Diese Reste, die keine Nährstoffe enthalten, nennt man Ballaststoffe. Sie werden in den Dickdarm weiterbefördert.

☐ **F**
Magensaft besteht hauptsächlich aus Salzsäure und Pepsin. Pepsin ist ein Enzym, das Eiweißmoleküle spalten kann. Pepsin kann aber nur dann richtig arbeiten, wenn der Speisebrei sauer ist. Dafür sorgt die Salzsäure.

☐ **M**
Der leere Magen ist ein Muskelschlauch, der sich nach einer Mahlzeit ausdehnen kann. Die Muskeln der Magenwände ziehen sich in wellenförmigen Bewegungen zusammen, sodass der Mageninhalt mit Magensaft vermischt wird.

☐ **O**
Durch die Bewegungen des Magens wird der Speisebrei in kleinen Portionen durch den Magenpförtner in den Zwölffingerdarm weitergeschoben.

☐ **R**
Der Zwölffingerdarm ist der erste Abschnitt des Dünndarms. In den Zwölffingerdarm münden Gänge aus der Gallenblase und aus der Bauchspeicheldrüse. Hier beginnt die Verdauung der Fette.

☐ **R**
Die Speiseröhre ist ein Schlauch aus Muskeln, die sich bei jedem Schlucken zusammenziehen und die Bissen weiter bis in den Magen drücken.

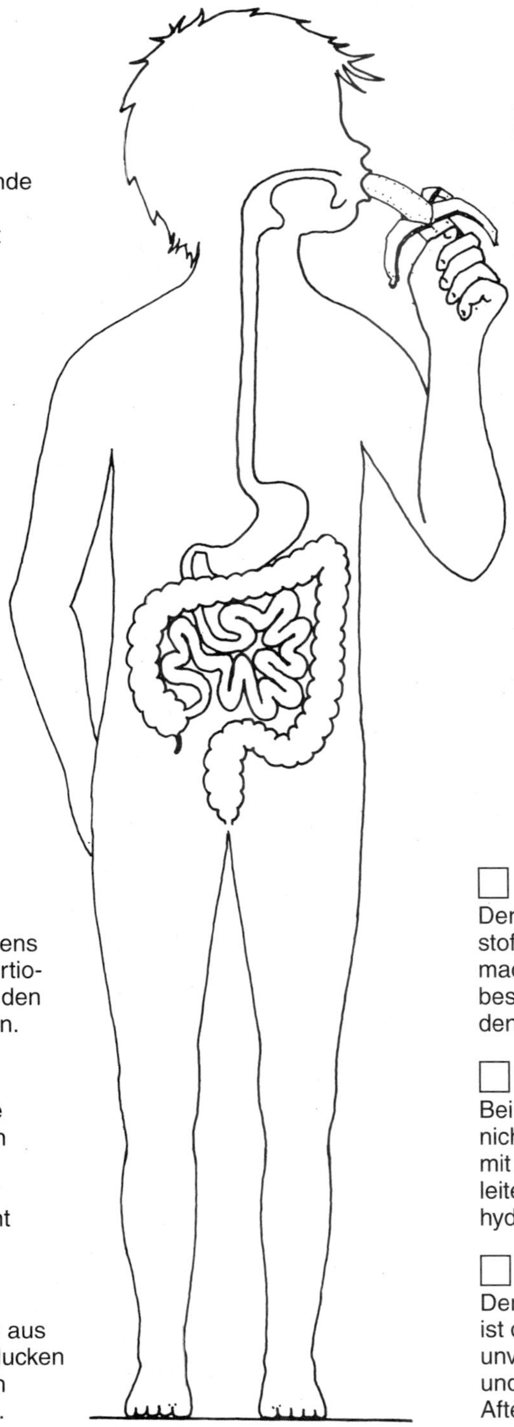

☐ **S**
Im Dünndarm werden die Nährstoffe so weit zerlegt, dass sie durch die Darmwand ins Blut aufgenommen und zu den Geweben transportiert werden können.

☐ **T**
Die Bauchspeicheldrüse ist die größte Verdauungsdrüse und liefert täglich mehr als einen Liter Verdauungssaft, der an der Verdauung aller Nährstoffe beteiligt ist.

☐ **T**
Der Darminhalt wird durch die verschiedenen Verdauungssäfte stark verdünnt. Die meiste Flüssigkeit wird im Dickdarm wieder aufgesaugt und in den Körper zurücktransportiert. Dadurch wird der Darminhalt eingedickt.

☐ **U**
Der Speichel enthält auch Schleimstoffe, die die Bissen gleitfähig machen. Dadurch rutschen sie besser durch die Speiseröhre in den Magen.

☐ **W**
Beim Kauen werden die Speisen nicht nur zerkleinert, sondern auch mit Speichel vermischt. Speichel leitet die Verdauung der Kohlenhydrate ein.

☐ **Z**
Der letzte Abschnitt des Dickdarms ist der Enddarm. Dorthin wird der unverdauliche Rest weitergedrückt und von Zeit zu Zeit durch den After ausgeschieden.

## Quiz: Auf den Zahn gefühlt

| Thema | Spieldauer | Personen | Vorbereitung |
|---|---|---|---|
| Stoffwechsel | 10 min | Einzelspiel ✏ Gruppenarbeit | L: Vorlage kopieren |

### Einstieg

Besuch beim Zahnarzt
Nur gepflegte Zähne bleiben gesund

### Lösungen

Das Lösungswort heißt: ECKZAHN.
1 E, 2 C, 3 K, 4 Z, 5 A, 6 H, 7 N

### Zusatzinformationen

Zähne können nicht mitwachsen wie zum Beispiel die Knochen. Wenn man größer wird, müssen die Zähne deshalb gegen größere ausgetauscht werden. Das passiert allerdings nur einmal im Leben, so ungefähr mit sechs Jahren.
Die zweiten Zähne entwickeln sich schon im Kiefer, ehe die ersten ausgefallen sind. Sie wachsen unter den Milchzähnen heran. Dabei werden Wurzel und Hals des Milchzahns von innen abgebaut. Schließlich bleibt nur noch die Zahnkrone übrig. Sie sitzt locker im Zahnfleisch. Weil die Zahnkrone dann von unten keinen Halt mehr hat, bricht sie leicht ab. Wenn man den Zahn dann in der Hand hält, sieht er so aus, als hätte er gar keine Wurzel gehabt.
Die Milchzähne halten im Kiefer den Platz für die „richtigen“ Zähne frei. Sie müssen deshalb genauso sorgfältig gepflegt werden wie die bleibenden Zähne.

## Quiz: Auf den Zahn gefühlt

Hier sind verschiedene Aussagen zu Zähnen und Gebiss zusammengestellt. Aber nur jeweils eine der vier möglichen Ergänzungen ist richtig. Streiche die Buchstaben vor den richtigen Aussagen an.

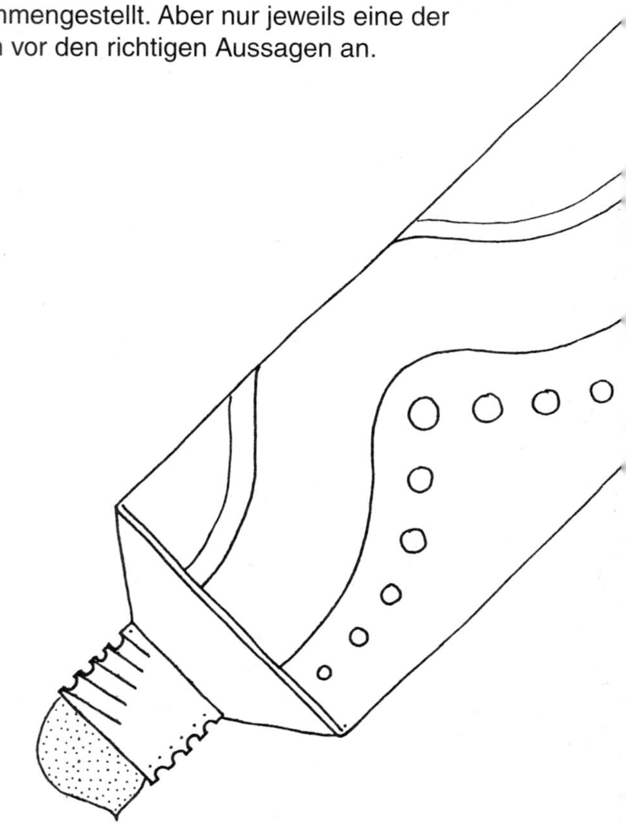

**1 Zum Milchgebiss gehören**
E die Schneidezähne.
S die Weisheitszähne.
K die Reißzähne.
M die Stiftzähne.

**2 Das Milchgebiss wird gegen ein bleibendes Gebiss ausgetauscht, weil**
A die Milchzähne keine Wurzeln haben.
E die Milchzähne nicht behandelt werden können.
I die Milchzähne nach ein paar Jahren abgenutzt sind.
C die Milchzähne im Verhältnis zum Körper nicht mitwachsen.

**3 Zahnkrone ist eine andere Bezeichnung für**
B die Befestigungspunkte einer Zahnspange.
K den oberen Teil eines Mahlzahns.
H ein besonders gleichmäßiges Gebiss.
E künstlichen Zahnersatz aus Gold.

**4 Eine andere Bezeichnung für Zahnbelag ist**
N Plakat.
Z Plaque.
L Plasma.
F Placenta.

**5 Zur Zahnpflege wird außer Zahnbürste und Zahncreme empfohlen**
E Wurzelbürste.
Z Zahnzement.
A Zahnseide.
C Haftcreme.

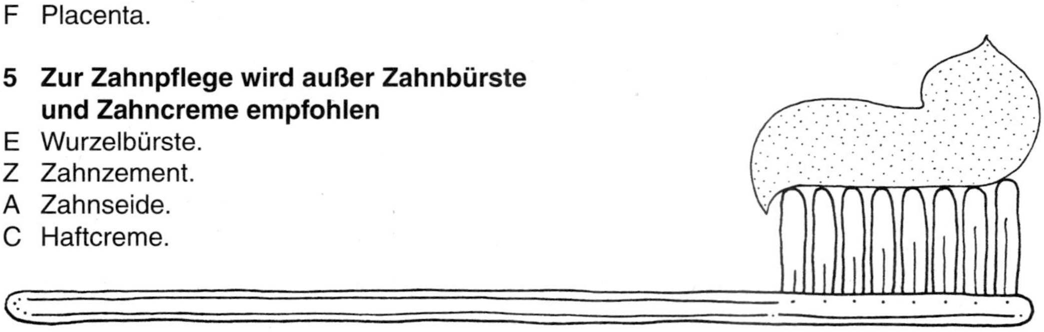

**6 Karies ist eine andere Bezeichnung für**
A Zahnfleischbluten.
R Zahnhöhle.
I Zahnlücke.
H Zahnfäule.

**7 Parodontose ist eine Erkrankung**
H der Zahnwurzel.
S des Zahnhalses.
N des Zahnfleisches.
D des Zahnschmelzes.

Die Buchstaben vor den richtigen Aussagen ergeben die Bezeichnung für einen bestimmten Zahn in unserem Gebiss. Ein Tipp: Er wird auch Augenzahn oder Hundszahn genannt.

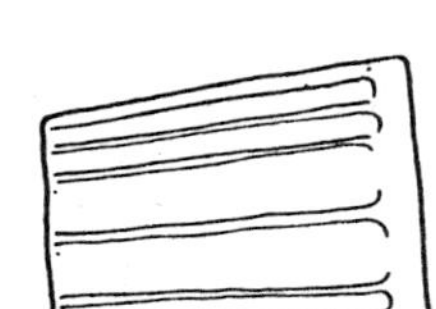

Es ist der _ _ _ _ _ _ _
1 2 3 4 5 6 7

## Wörter suchen: Ein gefüllter Einkaufskorb

| Thema | Spieldauer | Personen | Vorbereitung |
|---|---|---|---|
| Stoffwechsel | 15 min | Einzelspiel ✏<br>Hausaufgabe | L: Vorlage kopieren<br>S: Farbstifte |

### Einstieg

Bestandteile der Nahrung
Zusammensetzung der Nahrung
Nahrungsmittel enthalten Nährstoffe
Die Bedeutung der Nährstoffe im Stoffwechsel
Was geschieht mit den Bausteinen der Nährstoffe?

### Lösungen

| Eiweiße | Fette | Kohlenhydrate |
|---|---|---|
| Fisch | Sahne | Nudeln |
| Joghurt | Öl | Kartoffeln |
| Milch | Nüsse | Mehl |
| Quark | Oliven | Schokolade |
| Soja | Speck | Bananen |
| Käse | Wurst | Brot |
| Ei | Käse | Kuchen |
| | Butter | Reis |
| | | Eis |

## Wörter suchen: Ein gut gefüllter Einkaufskorb

Honig schmeckt anders als Brot oder Kartoffelbrei. Die Nährstoffe darin sind aber immer die gleichen: Kohlenhydrate. Unser Körper braucht aber verschiedene Nährstoffe: zum Wachsen „Baustoffe" und zur Energieversorgung „Treibstoff". Als Baustoffe dienen die Eiweiße. Den Treibstoff liefern Fette und Kohlenhydrate.

In den Einkaufskorb sind unter anderem verschiedene Nahrungsmittel gepackt, die hauptsächlich Eiweiße, Fette oder Kohlenhydrate enthalten. Du findest sie, wenn du die Buchstaben in dem Korb genau anschaust – von links oben nach rechts unten.

Markiere die Namen der Nahrungsmittel mit verschiedenen Farbstiften:
diejenigen, die hauptsächlich Eiweiße entalten, mit Rot,
die mit hohem Fettanteil mit Gelb und
die mit Kohlenhydraten mit Grün.

Schreibe die Namen der Nahrungsmittel in der folgenden Nährstofftabelle in die passenden Spalten. Es sollten jeweils mindestens sechs Nahrungsmittel eingetragen werden.

| Eiweiße | Fette | Kohlenhydrate |
|---|---|---|
| | | |
| | | |
| | | |
| | | |
| | | |
| | | |
| | | |
| | | |
| | | |

## Zuordnen: 1:0 für gesunde Ernährung

| Thema | Spieldauer | Personen | Vorbereitung |
|---|---|---|---|
| Stoffwechsel | 10 min | Einzelspiel ✏ | L: Vorlage kopieren |

### Einstieg

Zusammensetzung der Nahrung
Wie ernähren wir uns richtig?
Nährstoffe allein genügen nicht
Vitamine sind lebensnotwendig
Die Aufgabe der Mineralstoffe im Körper

### Lösungen

Das Lösungswort heißt: MANGELKRANKHEITEN.

| Trikots | Hosen | |
|---|---|---|
| ZU | CKER | 6. Buchstabe: R |
| FET | TE | 2., 5. Buchstabe: E E |
| WAS | SER | 2. Buchstabe: A |
| BALLASTST | OFFE | 2., 3. Buchstabe: A L |
| EI | WEISSE | 1. Buchstabe: E |
| MINERAL | STOFFE | 1., 2., 3. Buchstabe: M I N |
| GLU | COSE | 1. Buchstabe: G |
| SPUREN | ELEMENTE | 6. Buchstabe: N |
| STÄR | KE | 5. Buchstabe: K |
| VITA | MINE | 3. Buchstabe: T |
| KOHLEN | HYDRATE | 1., 3., 6. Buchstabe: K H N |

## Zuordnen: 1:0 für gesunde Ernährung

Die Mitglieder der Fußballmannschaft unterstützen die Aktion „Gesunde Ernährung“: Sie haben die wichtigsten Bestandteile der Nahrung auf ihre Trikots aufdrucken lassen, einer sogar auf seine Socken.

Trikots und Hosen sind gewaschen und zum Trocknen aufgehängt worden. Welche Teile gehören zusammen? Ergänze in der Liste den passenden Teil des Namens.

| Trikots | Hosen | |
|---|---|---|
| ____________ | CKER | 6. Buchstabe: _ |
| ____________ | TE | 2. Buchstabe: _ , 5. Buchstabe: _ |
| ____________ | SER | 2. Buchstabe: _ |
| ____________ | OFFE | 2. Buchstabe: _ , 3. Buchstabe: _ |
| ____________ | WEISSE | 1. Buchstabe: _ |
| ____________ | STOFFE | 1. Buchstabe _ , 2. Buchstabe: _ , 3. Buchstabe: _ |
| ____________ | COSE | 1. Buchstabe: _ |
| ____________ | ELEMENTE | 6. Buchstabe: _ |
| ____________ | KE | 5. Buchstabe: _ |
| ____________ | MINE | 3. Buchstabe: _ |
| ____________ | HYDRATE | 1. Buchstabe: _ , 3. Buchstabe: _ , 6. Buchstabe: _ |

Die angegebenen Buchstaben – in die richtige Reihenfolge gebracht – nennen ein Ergebnis falscher Ernährung. (Eine Hilfe: Der Buchstabe E ist schon an den passenden Stellen des Wortes eingesetzt.)

Es sind _ _ _ _ E _ _ _ _ _ _ _ E _ _ E _

## Zuordnen: Anzeigenblatt

| Thema | Spieldauer | Personen | Vorbereitung |
|---|---|---|---|
| Stoffwechsel | 10 min | Einzelspiel ✏ | L: Vorlage kopieren |

### Einstieg

Die Bedeutung der Nährstoffe im Stoffwechsel
Was geschieht mit den Bausteinen der Nährstoffe?
Vitamine sind lebensnotwendig
Botenstoffe im Körper

**INFO!**
Bei **Tränen** denkt man meistens ans Weinen. Man sieht sie eigentlich nur dann, wenn sie als Tropfen die Wange herabkullern. Tränen sind aber immer da. Sie werden von der Tränendrüse gebildet und fließen ständig durch kleine Gänge unter das Oberlid. Bei jedem Lidschlag wird ein Tropfen über die Hornhaut verteilt. Dadurch wird diese angefeuchtet und Schmutzteilchen fortgespült.
Die Tränenflüssigkeit ist kein reines Wasser. Das merkt man, wenn man einmal eine Träne von der Oberlippe aufgeleckt hat. Sie schmeckt salzig. Außer dem Salz enthält die Tränenflüssigkeit noch andere chemische Stoffe, die Krankheitserreger abwehren, die „ins Auge" gekommen sind.

### Lösungen

Das Lösungswort heißt: TRAENEN.
1 VITAMINE, 2 VORRATSSTOFFE, 3 FARBSTOFFE, 4 ENZYME, 5 NÄHRSTOFFE, 6 EIWEISSE, 7 HORMONE

### Zusatzinformationen

**Vitamine: die Unersetzlichen**
Vitamine bewirken, dass die chemischen Vorgänge im Körper richtig ablaufen. Wenn wir uns mit Gemüse, Fleisch, Fisch, Obst und Milchprodukten ernähren, erhält der Körper alle Vitamine, die er braucht, denn unser Körper kann die meisten Vitamine nicht selbst herstellen.

**Fette und Zucker: die Vorratsstoffe**
Fette und Zucker liefern den Treibstoff für die Arbeit der Muskeln: Fett für den Dauerbetrieb – zum Beispiel für den Herzschlag und die Verdauungsbewegungen – und Zucker für plötzliche Beanspruchung – zum Beispiel bei einem Wettlauf. Wenn mehr Zucker im Blut gelöst ist, als gerade verbraucht wird, verarbeitet die Leber den Überschuss zu Stärke. Stärke kann für kurze Zeit in der Leber gespeichert werden. Zur Langzeitspeicherung kann Zucker in Fett umgewandelt werden.

**Hämoglobin: der Blutfarbstoff**
Die roten Blutkörperchen enthalten den Blutfarbstoff Hämoglobin und geben dem Blut die rote Farbe. Die gelblich grünen Gallenfarbstoffe sind „Reste" des Blutfarbstoffs aus den roten Blutkörperchen.

**Eiweiße: die Baustoffe**
Für den gesamten Stoffwechsel braucht unser Körper Eiweiße.

**Enzyme: die Beschleuniger**
Die meisten Vorgänge in unserem Körper sind chemische Vorgänge. Dabei werden Stoffe verbraucht, andere entstehen neu. Enzyme werden in unserem Körper neu gebildet. Sie werden gebraucht, damit die – normalerweise langsamen – chemischen Vorgänge schneller ablaufen.

**Hormone: die Boten**
Eine andere Gruppe von chemischen Stoffen, die in unserem Körper in Drüsen gebildet und ins Blut abgegeben werden, sind die Hormone. Sie dienen als Boten für Nachrichten vom Gehirn oder von den Organen. Auf diese Weise werden zum Beispiel Wachstum, Bildung der Keimzellen, Herzschlag und Verdauung geregelt.

## Zuordnen: Anzeigenblatt

Überall wird mit „BIO“ geworben: Bio-Fleisch und Bio-Gemüse, Bio-Eier und Bio-Säfte. Aber das, was in den Bio-Produkten steckt und für unseren Körper wichtig ist, sind chemische Stoffe. Manche davon kann unser Körper selbst produzieren, andere müssen wir mit der Nahrung aufnehmen.

Ralf und Regina haben eine Liste mit chemischen Stoffen, die in unserem Körper eine Rolle spielen, aufgestellt. Dann haben sie sich ausgedacht, mit welchen Anzeigen diese Stoffe für sich und ihre Arbeit werben könnten.

Hier ist die Liste:

1 VITAMINE (z. B. Vitamin C)
2 VORRATSSTOFFE (Fette und Zucker)
3 FARBSTOFFE (z. B. Blutfarbstoff)
4 ENZYME (z.B. im Speichel oder Magensaft)
5 NÄHRSTOFFE (Eiweiße, Fette, Kohlenhydrate)
6 EIWEISSE
7 HORMONE (z. B. Adrenalin, Östrogen)

Welche Stoffe passen zu welchen Anzeigen?
Schreibe die entsprechende Listennummer
in das Kästchen in der Anzeige.

**WER WEITER WACHSTUM WILL, BRAUCHT BESTE BAUSTOFFE**

TÄGLICH FRISCH
VON QUARK & FISCH

☐ (1. Buchstabe)

**BiFeKo**

Wir liefern Energie und Baustoffe.

Sie finden uns dort, wo es etwas zu Essen gibt.

☐ (1. Buchstabe)

**Die Boten**

Vertrauliche Nachrichten (z.B. über Wachstum, Antrieb, Fortpflanzung) werden auf dem schnellsten Weg dem Empfänger übermittelt.

**Wir nutzen ein weit verzweigtes Transportsystem.**

☐ (6. Buchstabe)

Ohne uns geht nichts!

*Beugen Sie dem Mangel vor und nehmen uns auf!*

*Manche von uns lieben Fett, andere bevorzugen Wasser.*

*Sie haben keine Wahl, denn*

Sie brauchen uns alle.

☐ (3. Buchstabe)

BLASS?

***Wir bringen Farbe in Ihr Leben!***

**Eisenring & Co.**

☐ (2. Buchstabe)

Sie haben etwas zu zerkleinern oder zerlegen?

***Wir haben etwas gegen Langsamkeit!***

Ein Team von Spezialisten sorgt für Beschleunigung. Unser Arbeitsplatz ist der Kanal.

☐ (1. Buchstabe)

*De Pot*

*Für die Arbeit der Muskeln liefern wir den*

*Treibstoff*

- *für Dauerbetrieb*
- *und für plötzliche Beanspruchung*

*Jetzt Vorräte anlegen!*

☐ (3. Buchstabe)

In den Anzeigen findest du die Angabe, welcher Buchstabe aus dem Namen des chemischen Stoffes für das Lösungswort gebraucht wird. Ein Tipp: Das Lösungswort nennt dir den Namen einer Flüssigkeit aus unserem Körper, in der verschiedene chemische Stoffe gelöst sind.

Es handelt sich um _ _ _ _ _ _ _
1 2 3 4 5 6 7

## Entscheidungsspiel: Labor oder Waschanlage

| Thema | Spieldauer | Personen | Vorbereitung |
|---|---|---|---|
| Stoffwechsel | 10 min | Einzelspiel ✏ | L: Vorlage kopieren |

### Einstieg

Leber und Gallenblase
Die Nieren – Millionen kleinster Blutfilter
Das Blut muss ständig gereinigt werden
Die Harnbildung

**INFO!**
Die Arbeit der Leber oder der Nieren ist lebenswichtig für den Menschen und kann von keinem anderen Organ im Körper übernommen werden.
Jede Niere kann zwar „für zwei" arbeiten, wenn aber beide nicht mehr richtig funktionieren, kann man die kranken Organe nur noch durch diejenigen eines gesunden Menschen ersetzen.
Eine solche Transplantation ist inzwischen bei einer Reihe von Organen möglich.

### Lösungen

Das Lösungswort heißt: TRANSPLANTATION.

| | Leber | Nieren |
|---|---|---|
| 15 | T | |
| 14 | R | |
| 13 | | A |
| 12 | N | |
| 11 | | S |
| 10 | P | |
| 9 | L | |
| 8 | | A |
| 7 | | N |
| 6 | T | |
| 5 | A | |
| 4 | T | |
| 3 | | I |
| 2 | O | |
| 1 | | N |

## Entscheidungsspiel: Labor oder Waschanlage?

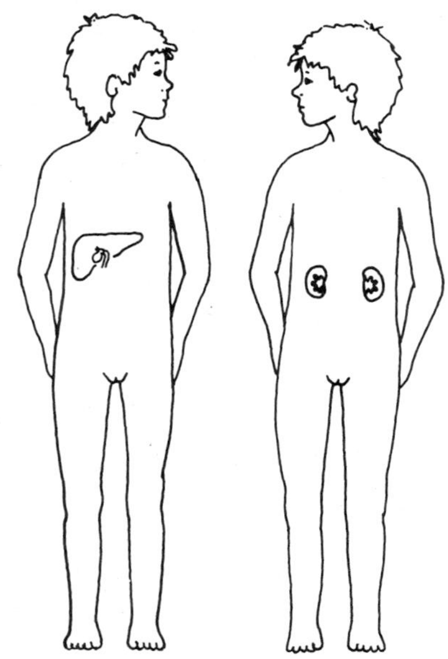

Bei allen Stoffwechselvorgängen spielt die Leber eine wichtige Rolle.
Bei den chemischen Vorgängen in unserem Körper entsteht auch Abfall, der für den Körper schädlich ist. Die „Entsorgung“ eines Teils dieses Abfalls ist Aufgabe der Nieren. Das ist aber nicht alles, was über Leber und Nieren zu sagen ist.

Die folgenden Aussagen treffen entweder für die Leber oder für die Nieren zu. Entscheide dich und streiche die entsprechenden Buchstaben an.

| | Leber | Nieren |
|---|---|---|
| • Das Organ sorgt dafür, dass die überschüssige Menge an Flüssigkeit, die wir mit der Nahrung und den Getränken zu uns genommen haben, wieder ausgeschieden wird. | L | N |
| • In die Pfortader münden alle Venen, die aus dem Bauch kommen. Die Pfortader führt in dieses Organ. | O | E |
| • Die Blutgefäße, die in dieses Organ münden, zweigen von der großen Körperschlagader ab. | P | I |
| • Das Blut, das dieses Organ verlässt, fließt in der Hohlvene zum Herzen. | T | W |
| • Der Weg des gesamten Blutes von den Verdauungsorganen im Bauch zurück zum Herzen führt zuerst in dieses Organ. | A | U |
| • In diesem Organ werden Nährstoffe so umgewandelt, dass sie den anderen Organen zur Verfügung stehen. | T | D |
| • Das Organ liegt ungefähr in der Mitte des Rückens rechts und links neben der Wirbelsäule. | F | N |
| • Das Organ ist bohnenförmig und faustgroß mit einem Hohlraum im Innern. | U | A |
| • Wenn mehr Zucker im Blut gelöst ist, als gerade verbraucht wird, verarbeitet dieses Organ den Überschuss. | L | R |
| • Manche Baustoffe von „alten“ Zellen werden wieder für den Aufbau von „neuen“ verwendet. Der Umbau findet in diesem Organ statt. | P | E |
| • Der Harn läuft aus diesem Organ durch den Harnleiter in die Harnblase. | B | S |
| • Das Organ bildet Abwehrstoffe, die uns vor Krankheitserregern schützen. | N | U |
| • In diesem Organ werden die Abfallstoffe aus dem Blut gefiltert und dann aus dem Körper ausgeschieden. | E | A |
| • Das Organ kontrolliert, ob schädliche Stoffe im Blut sind und entgiftet sie. | R | L |
| • Das Organ produziert Enzyme, die an der Verdauung beteiligt sind. | T | B |

Die markierten Buchstaben – von unten nach oben (!) gelesen – ergeben die Bezeichnung für einen medizinischen Eingriff, wenn eins dieser Organe ausfällt.

— — — — — — — — — — — — — — —

 

## Auswählen: Wichtige Botschaften

| Thema | Spieldauer | Personen | Vorbereitung |
|---|---|---|---|
| Fortpflanzung und Entwicklung | 15 min | Einzelspiel ✏ | L: Vorlage kopieren |

### Einstieg

Botenstoffe im Körper
Regelung – eine Größe wird angepasst
Bau und Funktion der Schilddrüse
Der Blutzucker muss stimmen
Die Nebennieren
Stress – der Körper passt sich an
Hormone bewirken die Pubertät
Pubertät – vom Kind zum Erwachsenen
Pubertät bedeutet Reifungszeit

### Lösungen

Das Lösungswort heißt: PUBERTAET.

Eierstöcke – Follikel – Menstruation – **Pollution** – Östrogene – Progesteron (1. und 5. B.)
Hoden – Androgene – **Gelbkörperhormon** – Spermienreifung – Keimdrüsen – Bartwuchs (4. B.)
Nebennierenrinde – Wasserhaushalt – Geschlechtshormone – Kortikoide – **Eisen** (1. B.)
Schilddrüse – Basedow – Iod – **Schrecksituation** – Grundumsatz – Thyroxin (4. B.)
Hirnanhangdrüse – Follikelsprung – Regulation – **Diabetes** – Hypophyse (6. B.)
Nebennierenmark – Adrenalin – **Schambehaarung** – Leistungsfähigkeit – Noradrenalin (4. und 7. B.)
Bauchspeicheldrüse – Glucose – Insulin – Langerhans – **Angst** – Zuckerkrankheit (5. B.)

## Auswählen: Wichtige Botschaften

Hormone sind körpereigene Wirkstoffe, die von den Hormondrüsen in den Blutkreislauf abgegeben werden und an der Regulation von vielen Vorgängen im Körper beteiligt sind.

In jeder der folgenden Reihen sind Begriffe genannt, die alle – bis auf einen – irgendwie mit der jeweiligen Hormondrüse in Zusammenhang stehen. Was gehört hier nicht hin?

EIERSTÖCKE ⊠ FOLLIKEL - MENSTRUATION - POLLUTION - ÖSTROGENE - PROGESTERON
(1. und 5. Buchstabe)

HODEN ⊠ ANDROGENE - GELBKÖRPERHORMON - SPERMIENREIFUNG - KEIMDRÜSEN - BARTWUCHS
(4. Buchstabe)

NEBENNIERENRINDE ⊠ WASSERHAUSHALT - GESCHLECHTSHORMONE - KORTIKOIDE - EISEN
(1. Buchstabe)

SCHILDDRÜSE ⊠ BASEDOW - IOD - SCHRECKSITUATION - GRUNDUMSATZ - THYROXIN
(4. Buchstabe)

HIRNANHANGDRÜSE ⊠ FOLLIKELSPRUNG - REGULATION - DIABETES - HYPOPHYSE
(6. Buchstabe)

NEBENNIERENMARK ⊠ ADRENALIN - SCHAMBEHAARUNG - LEISTUNGSFÄHIGKEIT - NORADRENALIN
(4. und 7. Buchstabe)

BAUCHSPEICHELDRÜSE ⊠ GLUCOSE - INSULIN - LANGERHANS - ANGST - ZUCKERKRANKHEIT
(5. Buchstabe)

Aus den Begriffen, die nicht in die Reihe passen, werden jeweils ein oder mehrere Buchstaben für das Lösungswort gebraucht (welche, ist jeweils am Ende der Reihe angegeben, Ä, Ö und Ü sind zwei Buchstaben: AE, OE und UE.)

Die ausgewählten Buchstaben nennen dir – der Reihe nach gelesen – den Namen für eine wichtige Phase in der Entwicklung von Jungen und Mädchen.

Es ist die

_ _ _ _ _ _ _ _ _

 

## Buchstaben ordnen: Männlich oder weiblich?

| Thema | Spieldauer | Personen | Vorbereitung |
|---|---|---|---|
| Fortpflanzung und Entwicklung | 20 min | Einzelspiel ✏ Hausaufgabe | L: Vorlage kopieren |

### Einstieg

Unterschiede der Geschlechter
Die Geschlechtsorgane des Mannes
Die Geschlechtsorgane der Frau

### Lösungen

Junge:
ELCHEI Eichel
GIDEL Glied
NISPE Penis
REISEMANTEL Samenleiter
SAHNEDOCK Hodensack
SCHRÖPLERWELK Schwellkörper
TOHUVAR Vorhaut

Mädchen:
ESOSTICKER Eierstock
GAVANI Vagina
IDECHSE Scheide
MILCHPASPEN Schamlippen
TEILEREI Eileiter
ÄRMETTEBURG Gebärmutter
ZELTRIK Kitzler

## Buchstaben ordnen: Männlich oder weiblich?

Für die männlichen und weiblichen Geschlechtsorgane gibt es – wie für alle Körperteile – verschiedene Bezeichnungen. In der medizinischen Sprache werden meist Wörter aus dem Lateinischen wie zum Beispiel Penis und Vagina gebraucht. Wörtlich übersetzt heißen sie Schwanz und Scheide.
In der Umgangssprache werden Geschlechtsorgane mit allen möglichen – und manchmal auch unmöglichen – Wörtern umschrieben. Man kann auch ganz einfach auf Deutsch Glied und Scheide sagen.

Alex und Philipp haben sich etwas Neues ausgedacht: eine „Geheimsprache", mit der sie die Geschlechtsorgane von Jungen und Mädchen bezeichnen. Kannst du die Wörter entschlüsseln?

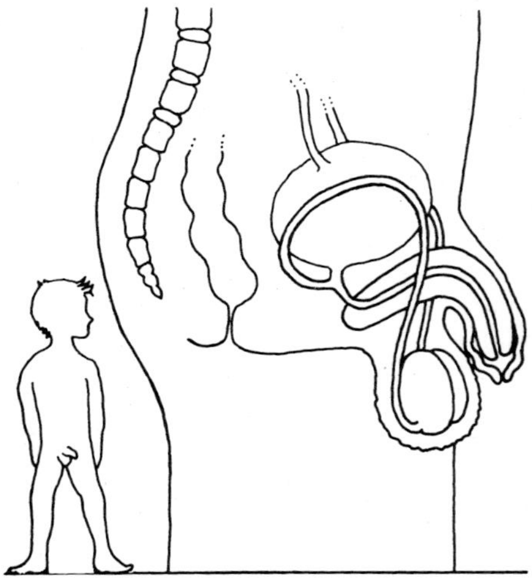

Schreibe die richtigen Bezeichnungen für die männlichen und weiblichen Geschlechtsorgane jeweils auf die passende Seite neben die „Geheimwörter".

Ein Tipp:
Es sind auf jeder Seite gleich viele und es können sowohl wissenschaftliche als auch deutsche Begriffe sein.

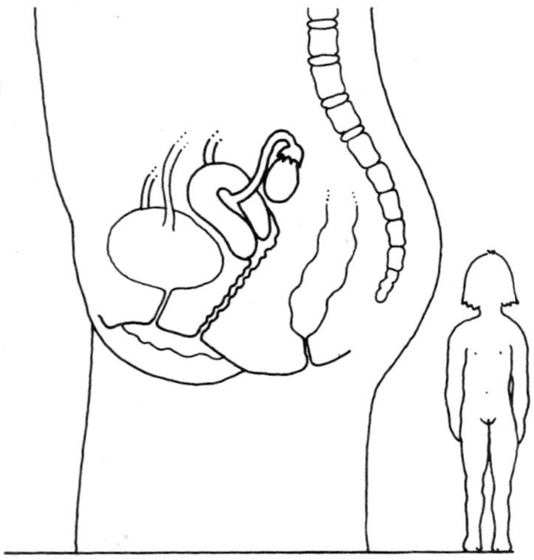

__________ ELCHEI __________

__________ ESOSTICKER __________

__________ GAVANI __________

__________ GIDEL __________

__________ IDECHSE __________

__________ MILCHPASPEN __________

__________ NISPE __________

__________ REISEMANTEL __________

__________ SAHNEDOCK __________

__________ SCHRÖPLERWELK __________

__________ TEILEREI __________

__________ ÄRMETTEBURG __________

__________ TOHUVAR __________

__________ ZELTRIK __________

 

## Kreuzworträtsel: Von der Befruchtung bis zur Geburt

| Thema | Spieldauer | Personen | Vorbereitung |
|---|---|---|---|
| Fortpflanzung und Entwicklung | 15 min | Einzelspiel ✏ | L: Vorlage kopieren |

### Einstieg

Neues Leben entsteht
Entwicklung im Mutterleib
Die Geburt

### Lösungen

Das Lösungswort heißt: SCHWANGERSCHAFT.

1 ALS ERSTE
2 NABELSCHNUR
3 MILCH
4 WEHEN
5 BABY
6 NEUN
7 SAUGEN
8 GEBAERMUTTER
9 EMBRYO
10 SPERMIEN
11 MUTTERKUCHEN
12 FRUCHTBLASE
13 NABEL
14 FETUS
15 WETTSCHWIMMEN

## Kreuzworträtsel: Von der Befruchtung bis zur Geburt

Der Körper des Menschen besteht aus unzählig vielen Zellen. Das bedeutet, dass sich die erste Zelle teilen muss, die beiden neuen wieder, und so weiter. Die erste Zelle eines neuen Lebewesens ist die befruchtete Eizelle. Nachdem sie sich ein paarmal geteilt hat, nistet sie sich in der Gebärmutter ein.

Setze die umschriebenen Begriffe in die entsprechenden Kästchen ein. (Ä, Ö und Ü sind zwei Buchstaben: AE, OE und UE.)

**1** So muss eine Samenzelle bei der Eizelle ankommen, um Erfolg zu haben (zwei Wörter!).
**2** Versorgungsschlauch im Mutterleib.
**3** Nahrungsmittel für Kälber, Fohlen, Frischlinge und Menschlinge.
**4** Fahnen tun es im Wind, bei der Geburt geht es nicht ohne.
**5** Manchmal ein Schreihals, manchmal ein Glatzkopf, meistens hungrig oder müde, immer klein und niedlich.
**6** Die Zahl spielt beim Kind und beim Kegeln eine Rolle.
**7** Was können Neugeborene und bestimmte Haushaltsgeräte?
**8** Wanderziel der Eizelle.
**9** Damit soll weder experimentiert noch gehandelt werden.

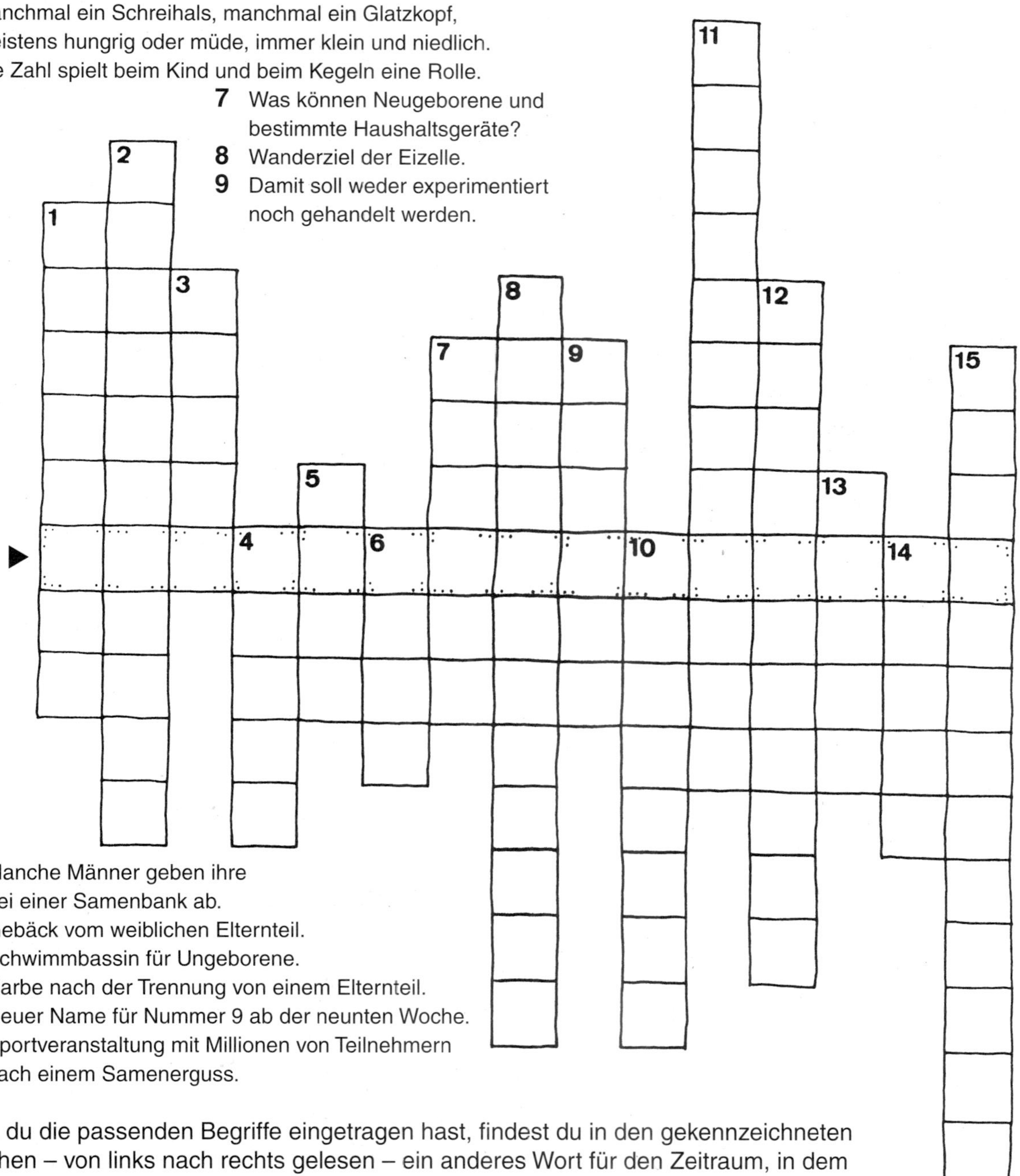

**10** Manche Männer geben ihre bei einer Samenbank ab.
**11** Gebäck vom weiblichen Elternteil.
**12** Schwimmbassin für Ungeborene.
**13** Narbe nach der Trennung von einem Elternteil.
**14** Neuer Name für Nummer 9 ab der neunten Woche.
**15** Sportveranstaltung mit Millionen von Teilnehmern nach einem Samenerguss.

Wenn du die passenden Begriffe eingetragen hast, findest du in den gekennzeichneten Kästchen – von links nach rechts gelesen – ein anderes Wort für den Zeitraum, in dem aus einer Frau eine Mutter wird. Man nennt diese Zeit

_ _ _ _ _ _ _ _ _ _ _ _ _ _ _
1 2 3 4 5 6 7 8 9 10 11 12 13 14 15

## Zuordnen: Zum Verwechseln ähnlich

| Thema | Spieldauer | Personen | Vorbereitung |
|---|---|---|---|
| Genetik | 10 min | Einzelspiel ✏ | L: Vorlage kopieren |

### Einstieg

Warum ähneln sich Zwillinge?
Methoden der Humangenetik
Stammbäume lassen Erbgänge erkennen
Zwei Chromosomen bestimmen das Geschlecht

### Lösungen

Das Lösungswort heißt: MERKMALE.
1 M, 2 E, 3 R, 4 K, 5 M, 6 A, 7 L, 8 E

Felix und Frederik
Jens und Sven
Anna und Jan
Mark und Lars
Till und Philipp
Elsa und Eva
Mara und Laura
Lisa und Lena

Anna und Jan sind zweieiige Zwillinge. Eineiige haben immer dasselbe Geschlecht.

## Zuordnen: Zum Verwechseln ähnlich

Siehst du deiner Mutter ähnlich? Oder gleichst du mehr deinem Vater? Hast du lockige Haare wie dein Vater, aber blaue Augen wie deine Mutter? Oder gleichst du deiner Schwester „wie ein Ei dem anderen“? Eineiige Zwillinge sehen sich zum Verwechseln ähnlich, zweieiige gleichen sich mehr oder weniger – wie andere Geschwister.

Hier sind 16 Kinder abgebildet, acht Zwillingspaare! Die Bilder sind durch Buchstaben und Ziffern gekennzeichnet. Welche gehören zusammen? Schreibe jeweils den passenden Buchstaben hinter die Ziffer.

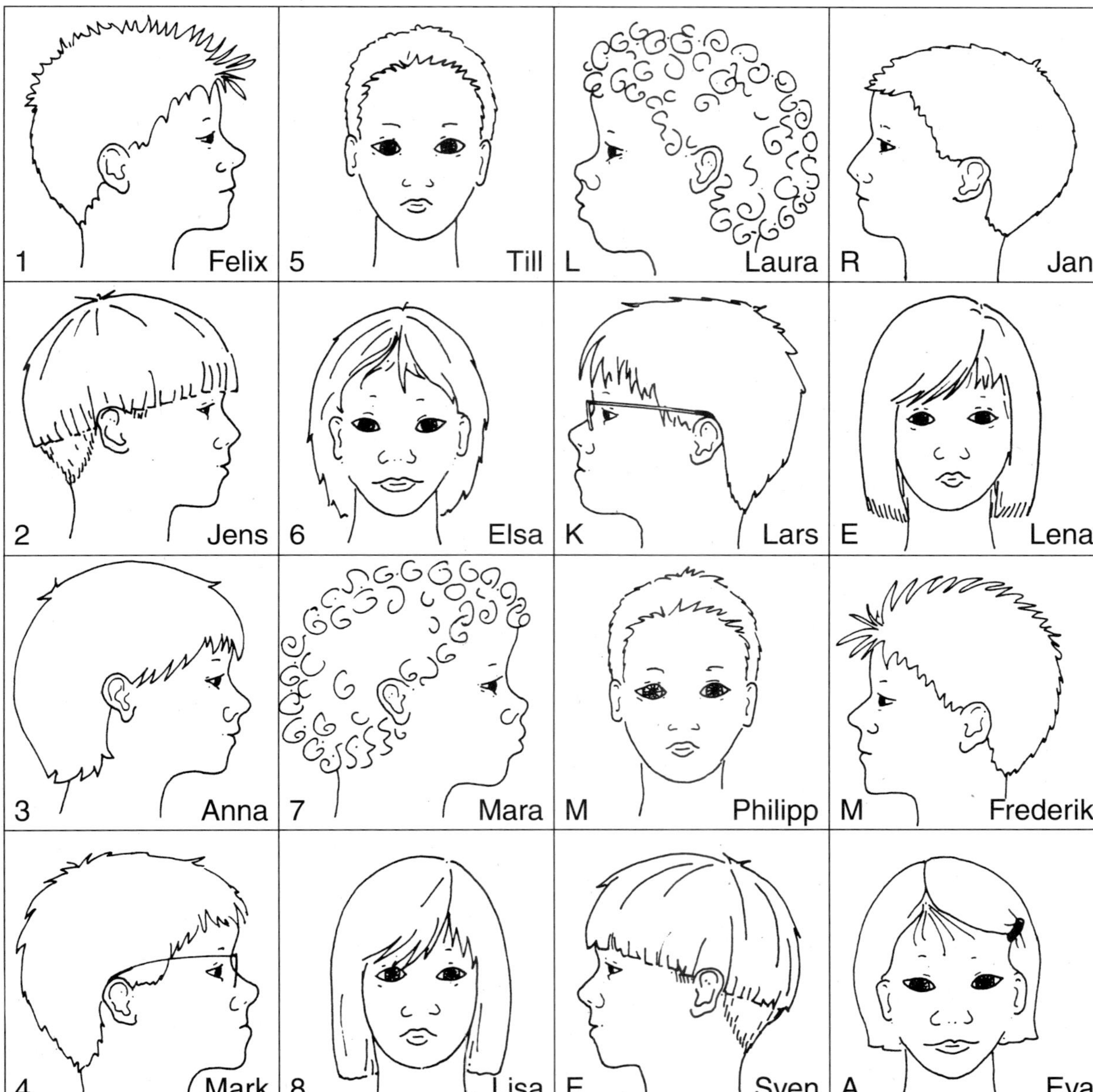


Die Buchstaben – der Reihe nach gelesen – verraten, was allen Kindern von ihren Eltern vererbt wird.

Es sind die _ _ _ _ _ _ _ _
1 2 3 4 5 6 7 8

Wie heißen die beiden zweieiigen Zwillinge? ________________ und ________________

## Einsetzen: Unsere Vorfahren

| Thema | Spieldauer | Personen | Vorbereitung |
|---|---|---|---|
| Evolution | 15 min | Einzelspiel ✏ | L: Vorlage kopieren |

### Einstieg

Die Evolution des Menschen
Die Erforschung der Stammesgeschichte des Menschen
Die Wurzeln der Menschheit
Die Gattung Mensch
Was ist typisch menschlich?

### Zusatzaufgabe

Nummeriere die Bilder der verschiedenen Schädel, beginne beim ältesten.

### Lösungen

Das Lösungswort heißt: PRIMATEN.

1 AUSTRALOPITHECUS (9. B.)
2 30 000 - 180 000 JAHRE (4. B.)
3 1,5 - 2,2 MILLIONEN JAHRE (2. B.)
4 HOMO SAPIENS (3. B.)
5 0,3 - 1 MILLION JAHRE (9. B.)
6 HOMO ERECTUS (9. B.)
7 HOMO SAPIENS SAPIENS (9. B.)
8 CROMAGNON-MENSCH (7. B.)

**Z** Das ist die richtige Reihenfolge: 1. Schimpanse, 2. Südaffe, 3. Neandertaler, 4. Cromagnon-Mensch, 5. Jetztmensch.

### Zusatzinformationen

| wissenschaftlicher Name | deutscher Name | Fundort, Vorkommen | Alter | Kultur (Werkzeuge, Malerei etc.) |
|---|---|---|---|---|
| Australopithecus afarensis | Südaffe (Lucy) | Äthiopien | ca. 2,8 - 3,8 Mio. Jahre | keine |
| Homo habilis | geschickter Mensch | Ostafrika | ca. 1,5 - 2,2 Mio. Jahre | Faustkeile |
| Homo erectus | aufgerichteter Mensch | Afrika, Asien und Europa | ca. 0,3 - 2 Mio. Jahre | Werkzeuge aus Feuerstein, Feuergebrauch |
| Homo erectus heidelbergensis | Heidelberger Mensch | bei Heidelberg, Mitteleuropa | ca. 0,3 - 1 Mio. Jahre | Werkzeuge aus Feuerstein, Feuergebrauch |
| Homo sapiens | vernunftbegabter Mensch | weltweit | ca. 200 000 Jahre | Werkzeuge, Feuergebrauch |
| Homo sapiens steinheimensis | Steinheimer Mensch | Steinheim, Mitteleuropa | ca. 180 000 - 400 000 Jahre | Werkzeuge, Feuergebrauch |
| Homo sapiens neanderthalensis | Neandertaler | Neandertal, Mitteleuropa | ca. 30 000 bis 180 000 Jahre | Totenbestattung mit Grabbeigaben |
| Homo sapiens sapiens | Jetztmensch | weltweit bis heute | ca. 30 000 Jahre | metallische Werkzeuge, Kunst, Technik, elektronische Werkzeuge |
| Homo sapiens sapiens | Cromagnon-Mensch | Südwestfrankreich, Spanien | ca. 25 000 Jahre | Höhlenmalereien |

## Einsetzen: Unsere Vorfahren

Auf der Erde gibt es mehr als 1 Million Tierarten. Damit man sich einigermaßen zurecht findet, ist das Tierreich in verschiedene Gruppen eingeteilt, in denen Tiere zusammengefasst werden, die bestimmte Gemeinsamkeiten haben.

Obwohl wir uns durch verschiedene Merkmale von den Tieren unterscheiden, gehören wir als Gattung Homo zur Klasse Säugetiere, Ordnung Herrentiere, Familie Menschen.

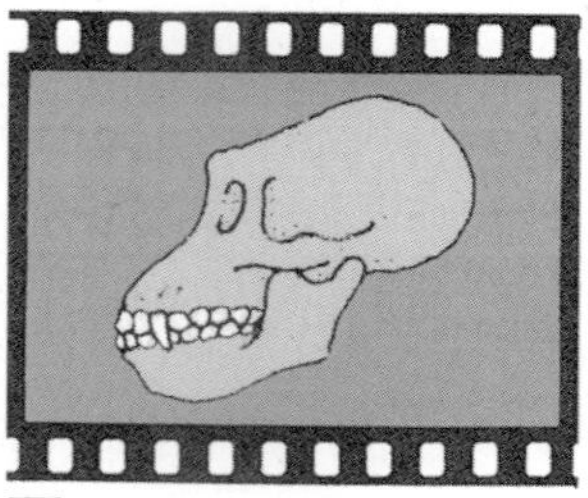

☐ Schimpanse

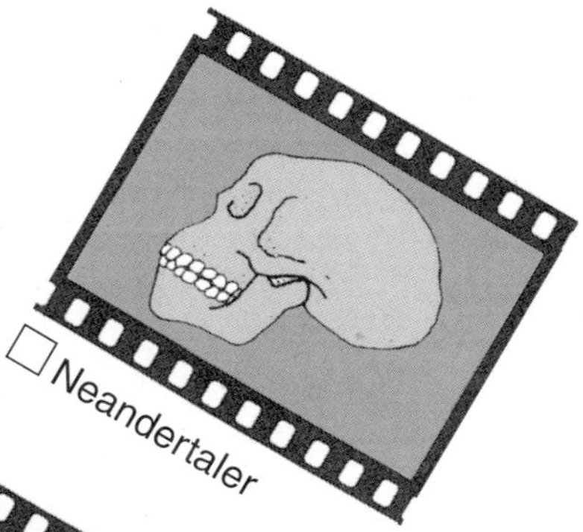

☐ Neandertaler

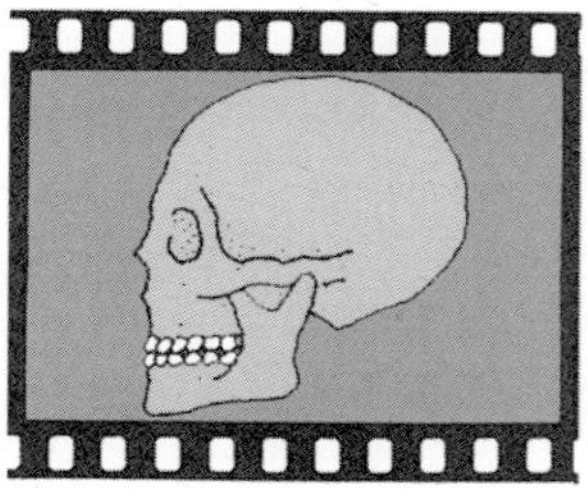

☐ Jetztmensch

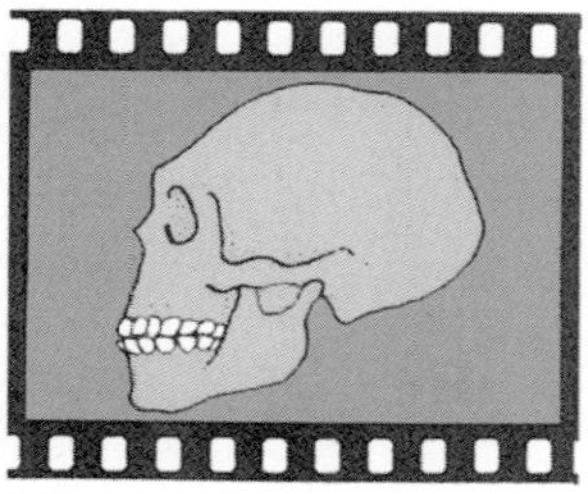

☐ Cromagnon-Mensch

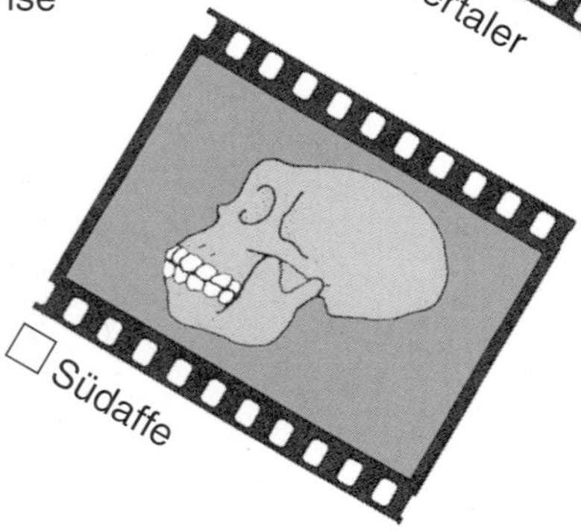

☐ Südaffe

In der Tabelle sind die Vertreter der Stammesgeschichte des Menschen zusammengestellt. Wähle die fehlenden Namen oder Zeitangaben aus der folgenden Liste aus und trage sie in die passenden Spalten ein.

*Australopithecus – Cromagnon-Mensch – Homo sapiens – Homo sapiens sapiens – Homo erectus – 30 000 - 180 000 Jahre – 0,3 - 1 Million Jahre – 1,5 - 2,2 Millionen Jahre*

| wissenschaftlicher Name | deutscher Name | ungefähres Alter |
|---|---|---|
| *Homo habilis* | *geschickter Mensch* | **3** |
| *Homo sapiens neanderthalensis* | *Neandertaler* | **2** |
| *Homo erectus heidelbergensis* | *Heidelberger Mensch* | **5** |
| *Homo sapiens sapiens* | **8** | *25 000 Jahre* |
| **1** | *Südaffe (Lucy)* | *2,8 - 3,8 Millionen Jahre* |
| **4** | *vernunftbegabter Mensch* | *200 000 Jahre* |
| **6** | *aufgerichteter Mensch* | *0,3 - 2 Millionen Jahre* |
| **7** | *Jetztmensch* | *30 000 Jahre* |

Wenn du die richtigen Namen eingesetzt hast, nennen dir die unten angegebenen Buchstaben (!) die wissenschaftliche Bezeichnung für die Vertreter derjenigen Ordnung des Tierreichs, zu der auch der Mensch gehört.

**1** (9. Buchstabe), **2** (4. Buchstabe), **3** (2. Buchstabe), **4** (3. Buchstabe),
**5** (2. Buchstabe), **6** (9. Buchstabe), **7** (9. Buchstabe), **8** (7. Buchstabe)

Man nennt sie _ _ _ _ _ _ _ _
1 2 3 4 5 6 7 8

## Wörter zusammensetzen: Merkwürdige Verhaltensweisen

| Thema | Spieldauer | Personen | Vorbereitung |
|---|---|---|---|
| Verhaltenslehre | 15 min | Einzelspiel ✏ | L: Vorlage kopieren |

### Einstieg

Reste angeborenen Verhaltens beim Menschen
Schlüsselreize beim Menschen
Sozialverhalten beim Menschen

### Lösungen

Das Lösungswort heißt: ETHOLOGIE.

| | | | |
|---|---|---|---|
| 1 | BESCHWICHTIGUNGS | GESTE | (2. B.) |
| 2 | GESICHTS | AUSDRUCK | (7. B.) |
| 3 | SCHLÜSSEL | REIZ | (3. B.) |
| 4 | IMPONIER | GEHABE | (4. B.) |
| 5 | KLAMMER | REFLEX | (2. B.) |
| 6 | AGGRESSIONS | BEREITSCHAFT | (9. B.) |
| 7 | RANG | ORDNUNG | (4. B.) |
| 8 | INSTINKT | HANDLUNG | (1. B.) |
| 9 | REVIER | VERHALTEN | (2. B.) |

## Wörter zusammensetzen: Merkwürdige Verhaltensweisen

Die Biologielehrerin, Frau Lorenz, will im Unterricht die Themenbereiche der Verhaltenslehre verdeutlichen. Einige aus der Klasse sollen versuchen, die Begriffe in einem Spiel darzustellen. Dazu hat sie in der Klasse „Namensschilder“ mit den verschiedenen Begriffen anfertigen lassen. Aber Oliver und Stefanie haben ihr einen Streich gespielt. Sie haben die Karten durchgeschnitten und falschen Teile zusammengeklebt. Hier siehst du, was dabei herausgekommen ist:

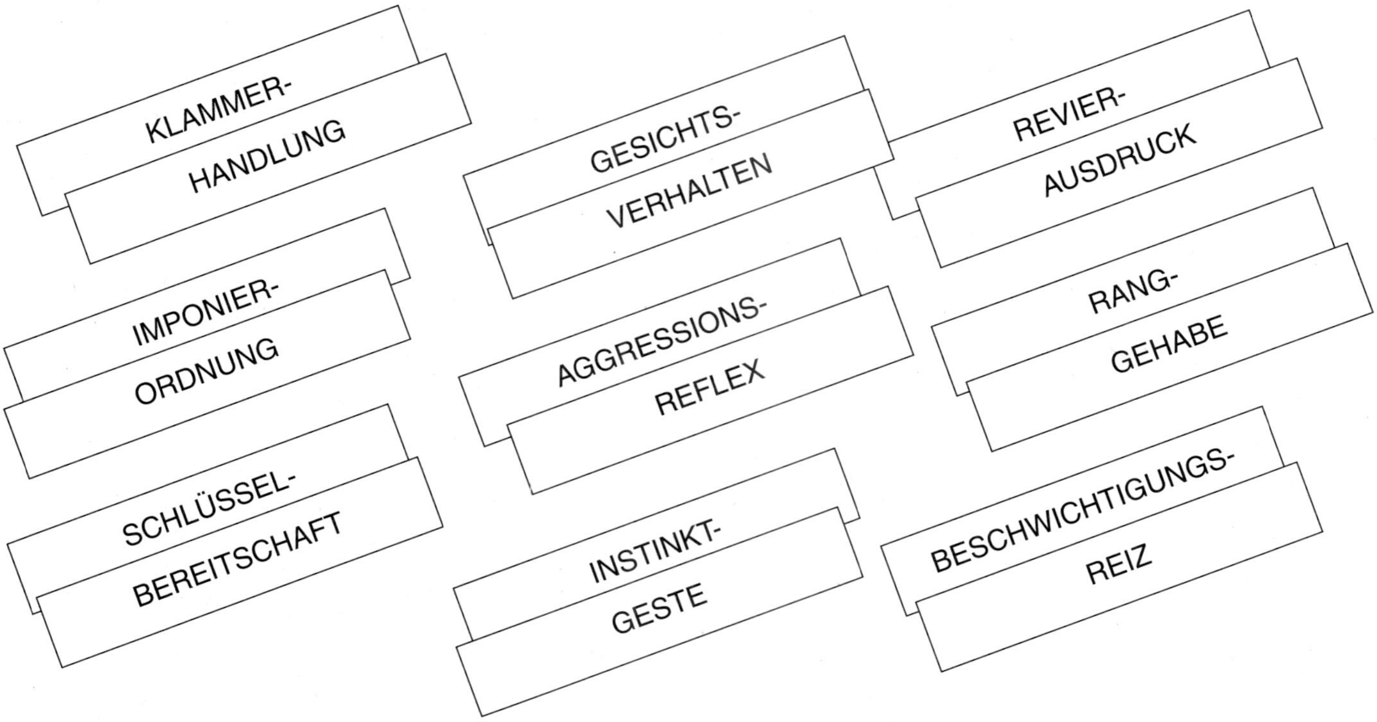


Welche Teile gehören zusammen? Ergänze den passenden ersten Teil des Begriffes aus der Verhaltenslehre.

| | | | |
|---|---|---|---|
| 1 | ______________ | GESTE | (2. Buchstabe) |
| 2 | ______________ | AUSDRUCK | (2. Buchstabe) |
| 3 | ______________ | REIZ | (3. Buchstabe) |
| 4 | ______________ | GEHABE | (4. Buchstabe) |
| 5 | ______________ | REFLEX | (2. Buchstabe) |
| 6 | ______________ | BEREITSCHAFT | (9. Buchstabe) |
| 7 | ______________ | ORDNUNG | (4. Buchstabe) |
| 8 | ______________ | HANDLUNG | (1. Buchstabe) |
| 9 | ______________ | VERHALTEN | (2. Buchstabe) |

Wenn du die Wörter richtig zusammengesetzt hast, verraten dir die angegebenen Buchstaben die wissenschaftliche Bezeichnung für die Verhaltensforschung.

Man nennt sie _ _ _ _ _ _ _ _ _
1 2 3 4 5 6 7 8 9

## Silbenrätsel: Gut gesichert

| Thema | Spieldauer | Personen | Vorbereitung |
|---|---|---|---|
| Gesundheit und Krankheit | 10 min | Einzelspiel ✏ | L: Vorlage kopieren |

### Einstieg

Der Körper wehrt sich
Kampf gegen winzige Feinde
Das Lymphsystem - ein Transport- und Abwehrsystem
Vorbeugen ist besser als Heilen

### Zusatzaufgabe

Die angegebenen Buchstaben in den Lösungswörtern – in die richtige Reihenfolge gebracht – nennen einen Begriff für die allgemeinen Abwehrreaktionen des Körpers.
**1**: 4. Buchstabe, **2**: 8. Buchstabe, **3**: 5. Buchstabe, **4**: 7. Buchstabe, **5**: 3. Buchstabe,
**6**: 3. Buchstabe, **7**: 4. Buchstabe, **8**: 5. Buchstabe, **9**: 4. Buchstabe

### Lösungen

Die Lösungswörter heißen:

1 HAUT = „Schutzmauer“ um den Körper. Solange sie unverletzt ist, können keine Krankheitserreger eindringen.

2 BRUSTKORB und BECKEN = „verstärkte Wände“ um Herz, Lunge und Verdauungsorgane.

3 SCHAEDEL = „geschützter Raum“ für das Gehirn und Sinnesorgane.

4 SCHWITZEN = „Berieselungsanlage“ der Haut.

5 MUND = „großes Tor“. Der Mund lässt sich zwar auch ganz schnell schließen, das reicht aber nicht als Schutz gegen Krankheitserreger. Beim Atmen und beim Essen und Trinken müssen Mund und Nase wieder aufgemacht werden. Mit der Atemluft oder den Speisen können auch Krankheitserreger eindringen.

6 NASE = „kleines Tor“. Nicht nur Krankheitserreger können dem Körper schaden, sondern auch Abgase von Autos, Fabriken und Heizanlagen. Wenn man die verunreinigte Luft „ohne Filter“ einatmet, wirken diese Abgase im Körper wie Gifte.

7 SPEICHEL = „Kontrolle und Reinigung“. Im Mund werden Krankheitserreger zuerst einmal vom Speichel weggespült. Wenn es aber zu viele sind, schafft er das nicht mehr.

8 MANDELN = „Wachposten“ um den Eingang zur Speiseröhre und zur Luftröhre. Die Mandeln sind doppelt wirksam. Einmal bilden sie neue weiße Blutkörperchen, die Krankheitserreger abwehren oder auffressen. Außerdem können die Mandeln die Bakterien auch selbst unschädlich machen und Giftstoffe, die manche Bakterien ausscheiden, zurückhalten. Auf diese Weise sorgen die Mandeln dafür, dass keine Krankheitserreger oder Giftstoffe ins Blut gelangen.

9 WEISSE BLUTKOERPERCHEN = „Schutzleute“. Sind Krankheitserreger aber auf einem anderen Weg ins Blut gekommen, zum Beispiel bei einer Hautabschürfung, schwimmen die weißen Blutkörperchen an diese Stelle, um die Krankheitserreger dort abzutöten oder aufzufressen.

Z Das Lösungswort der Zusatzaufgabe heißt: RESISTENZ.
2 R, 3 E, 6 S, 7 I, 9 S, 1 T, 8 E, 5 N, 4 Z

## Silbenrätsel: Gut gesichert

Wenn du eine Burganlage aus dem Mittelalter besichtigst, kannst du sehen, wie die Ritter sich früher vor ihren Feinden geschützt haben.

**1** Meistens gab es rund um die Burg eine dicke, hohe Mauer, die so leicht kein Feind erklettern oder durchbrechen konnte.
**2** Bereiche innerhalb der Burganlage, die für die Versorgung wichtig waren wie zum Beispiel die Küche oder die Pumpstation, waren zusätzlich durch besonders verstärkte Wände gesichert.
**3** Der wichtigste Besitz war hoch oben im Burgfried in einem besonders geschützten Raum untergebracht.
**4** Die Burgmauer war nicht nur ein Schutz gegen Feinde, sondern auch gegen Witterungseinflüsse. An heißen Sommertagen wurde sie durch eine Berieselungsanlage befeuchtet. Auf diese Weise wurde durch die Verdunstungskälte die Temperatur gesenkt.
**5** In der Mauer war ein großes, schweres Tor, das bei Gefahr geschlossen wurde, sodass keine unerwünschten Besucher in das Innere der Burganlage kommen konnten.

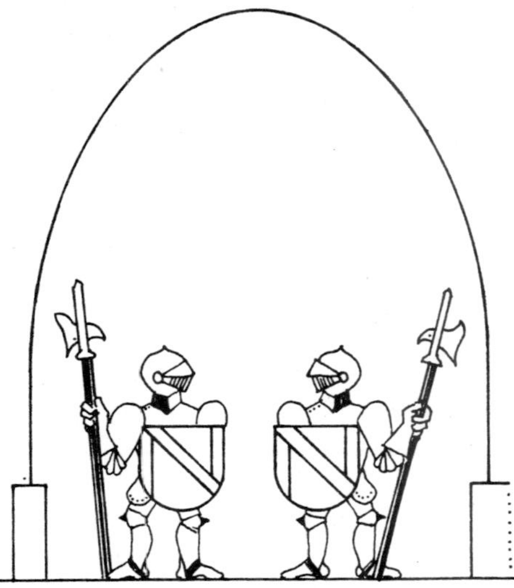

**6** Am kleinen Tor für Besucher, die zu Fuß kamen, standen Empfangsposten, die mit Bürsten die verschmutzte Kleidung der Gäste reinigten und gleichzeitig überprüften, ob diese Waffen oder Gift bei sich trugen.
**7** Wenn die Ritter die großen Tore ihrer Burg öffnen mussten, um mit Pferd und Wagen Nachschub an Lebensmitteln zu holen, wurden die Wagen bei der Rückkehr zwar einer Kontrolle und Reinigung vom gröbsten Schmutz unterzogen. Dennoch konnte bei dieser Gelegenheit ein Feind eingeschleust werden.
**8** Er wurde dann von den Wachposten am Eingang der Burganlage gefangen genommen und entwaffnet, damit er für die Leute in der Burg nicht mehr gefährlich werden konnte.
**9** Wenn Fremde durch eine Lücke oder Beschädigung der Mauer eingedrungen waren, eilten Schutzleute herbei, überwältigten sie oder töteten sie sogar.

In unserem Körper gibt es vergleichbare Einrichtungen zur Abwehr gegen „Eindringlinge" wie zum Beispiel Krankheitserreger. Wenn du die unterstrichenen Wörter übersetzt, erhältst du die Bezeichnungen, die für unseren Körper zutreffen. Ein Tipp: Du kannst sie auch aus den folgenden Silben zusammensetzen:

BE – BLUT – BRUST – CHEL – CHEN – CHEN – CKEN – DEL –
DELN – HAUT – KNO – KOER – KORB – MAN – MUND – NA –
PER – SCHAE – SCHWIT – SE – SE – SPEI – WEIS – ZEN

**1** ______________________ **6** ______________________

**2** ______________________ **7** ______________________

und ______________________ **8** ______________________

**3** ______________________ **9** ______________________

**4** ______________________ ______________________

**5** ______________________

 

## Silbenrätsel: Ein wasserdichter und widerstandsfähiger Thermoanzug

| Thema | Spieldauer | Personen | Vorbereitung |
|---|---|---|---|
| Gesundheit und Krankheit | 15 min | Einzelspiel ✏ | L: Vorlage kopieren |

### Einstieg

Schutz und Pflege der Haut
Die Haut – ein Organ mit vielen Aufgaben

### Lösungen

Das Lösungswort heißt: KOERPERPFLEGE.

| | |
|---|---|
| AKNE | (2. B.) |
| SONNENBRAND | (2. B.) |
| FETTGEWEBE | (2. B.) |
| HAARE | (4. B.) |
| PIGMENTE | (1. B.) |
| SCHWEISSDRÜSEN | (5. B.) |
| TALGDRÜSEN | (6. B.) |
| PICKEL | (1. B.) |
| DUFTDRÜSEN | (3. B.) |
| NÄGEL | (5. B.) |
| SONNENSCHUTZMITTEL | (5. B.) |
| GÄNSEHAUT | (1. B.) |
| MITESSER | (4. B.) |

## Silbenrätsel: Ein wasserdichter und widerstandsfähiger Thermoanzug

Die Haut ist eine wasserdichte, dehnbare und ziemlich zerreißfeste Schutzhülle für unseren Körper. Sie hält die Körpertemperatur konstant und schützt die darunter liegenden Gewebe vor kleineren Verletzungen. Die Haut muss aber auch selbst geschützt und gepflegt werden.

Die Begriffe, die mit dem Bau und den Aufgaben der Haut und mit den Gefahren für die Haut zu tun haben, kannst du aus den folgenden Silben zusammensetzen:

AK – BE – BRAND – CKEL – DRÜ – DRÜ – DRÜ – DUFT – ES – FETT –
GÄN – GE – GEL – HAA – HAUT – MEN – MIT – MIT – NÄ – NE – NEN –
NEN – PI – PIG – RE – SCHUTZ – SCHWEISS – SE – SEN – SEN –
SEN – SER – SON – SON – TALG – TE – TEL – WE –

| | | |
|---|---|---|
| Das dient uns als Polsterung und als Schutz gegen Kälte. | ______________ | (2. Buchstabe) |
| Produktionsstätten für eine körpereigene Hautpflegecreme. | ______________ | (6. Buchstabe) |
| Kleine braune Farbkörnchen in der Haut, die wie ein eingebautes Sonnenfilter wirken. | ______________ | (1. Buchstabe) |
| Zusätzlicher Schutz für unsere Haut gegen die schädlichen UV-Strahlen. | ______________ | (5. Buchstabe) |
| Ein überlanges Sonnenbad führt häufig dazu. | ______________ | (2. Buchstabe) |
| Diese hatten unsere Urahnen noch am ganzen Körper. | ______________ | (4. Buchstabe) |
| Entsteht, wenn man sparsam bekleidet ins Kalte kommt. | ______________ | (1. Buchstabe) |
| Feste, aber biegsame Hornplatten, die empfindliche Spitzen schützen. | ______________ | (5. Buchstabe) |
| Hier wird der individuelle Geschlechtsgeruch produziert. | ______________ | (3. Buchstabe) |
| In den Achselhöhlen sind sie besonders zahlreich. | ______________ | (5. Buchstabe) |
| Kleine schwarze Punkte als Folge verstärkter Talgabsonderung. | ______________ | (4. Buchstabe) |
| Das äußere Anzeichen für die Arbeit von Bakterien in verstopften Poren. | ______________ | (1. Buchstabe) |
| Wenn die Talgproduktion in der Pubertät umgestellt wird, führt das häufig dazu. | ______________ | (2. Buchstabe) |

Die angegebenen Buchstaben – in die richtige Reihenfolge gebracht – nennen dir die Bezeichnung für eine alltägliche aber wichtige Sache. Eine Hilfe: Der Buchstabe E ist schon an den passenden Stellen des Wortes eingesetzt.

Es ist die _ _ E _ _ E _ _ _ _ E _ E

## Buchstaben ordnen: Vorsicht, Ansteckungsgefahr!

| Thema | Spieldauer | Personen | Vorbereitung |
|---|---|---|---|
| Gesundheit und Krankheit | 15 min | Einzelspiel ✏ | L: Vorlage kopieren |

### Einstieg

Infektionskrankheiten

**INFO!**
**Keuchhusten** ist eine Infektionskrankheit mit charakteristischen Hustenanfällen. Die Krankheit tritt meist bei Säuglingen und Kleinkindern auf. Erreger sind Bakterien, die durch Tröpfcheninfektion übertragen werden. Kinder sind nach dieser Krankheit vor einer neuen Ansteckung geschützt. Die Immunität lässt allerdings langsam nach, sodass im Erwachsenenalter wieder eine neue Infektion vorkommen kann.

### Lösungen

Das Lösungswort heißt: KEUCHHUSTEN.

Das sind die Namen der Infektionskrankheiten:

1 WINDPOCKEN
2 GRIPPE
3 MUMPS
4 SCHARLACH
5 CHOLERA
6 KINDERLÄHMUNG
7 TOLLWUT
8 MASERN
9 PEST
10 TETANUS
11 RÖTELN

### Zusatzinformationen

**Bakterieninfektionen:**
Cholera
Diphtherie
Durchfall (Diarrhoe)
Geschlechtskrankheiten: Syphilis (Lues) und Tripper (Gonorrhoe)
Keuchhusten
Lebensmittelvergiftungen mit Salmonellen (Salmonellosen)
Pest
Scharlach
Thyphus
Wundstarrkrampf (Tetanus)

**Virusinfektionen:**
AIDS
Grippe (Influenza)
Kinderlähmung (Poliomyelitis)
Masern
Mumps (Ziegenpeter)
Pocken
Röteln
Tollwut

## Buchstaben ordnen: Vorsicht, Ansteckungsgefahr!

Carsten ist krank. Die Ärztin hat einen Hausbesuch gemacht und ihn untersucht. Sie hat irgendeine Infektionskrankheit festgestellt. Aber Carsten kann sich nicht mehr an den Namen der Krankheit erinnern und versucht, ihn in einem Gesundheitslexikon zu finden. Da es ihm wirklich nicht gut geht, verschwimmt ihm bald alles vor den Augen.

Hier sind einige Infektionskrankheiten beschrieben, aber die Buchstaben der Namen sind durcheinander geraten. Kannst du erkennen, um welche Krankheiten es sich handelt? Wenn du die richtigen Bezeichnungen einträgst, kannst du aus den gekennzeichneten Buchstaben den Namen der Krankheit zusammensetzen, mit der Carsten sich infiziert hat.

**1** DOPWECKNIN
Infektionskrankheit, die meist bei Kindern auftritt. Die Erreger sind Viren, die auch ohne diekten Kontakt durch die Luft übertragen werden können.

_ _ _ _ _ _ _ _ _ _
▲

**2** PIPGER
Viruskrankheit, die oft von Fieber, Kopf- und Gliederschmerzen begleitet wird. Sie tritt zu bestimmten Zeiten in allen Altersstufen gehäuft auf und kann sich durch Tröpfcheninfektion als „Welle" über weite Gebiete ausbreiten.

_ _ _ _ _ _
▲

**3** SPUMM
Viruskrankheit, die durch Tröpfcheninfektion übertragen wird. Sie führt zu einer Entzündung und zum Anschwellen der Ohrspeicheldrüsen.

_ _ _ _ _
▲

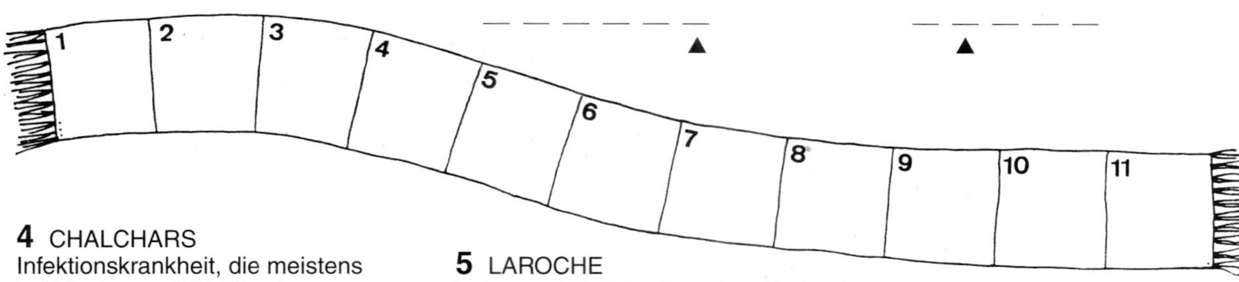


**4** CHALCHARS
Infektionskrankheit, die meistens bei Kindern auftritt. Die Erreger sind Bakterien, die durch Tröpfcheninfektion übertragen werden. Typisch sind eine feuerrote Zunge und Hautausschlag am ganzen Körper mit vielen roten Pünktchen.

_ _ _ _ _ _ _ _ _
▲

**5** LAROCHE
Lebensgefährliche Darmkrankheit mit starken Durchfällen, besonders in tropischen Ländern, wird durch Bakterien in Nahrungsmitteln und verunreinigtem Trinkwasser hervorgerufen.

_ _ _ _ _ _ _
▲

**7** LULWOTT
Lebensgefährliche Viruskrankheit, die auch als Zoonose bezeichnet wird, weil die Erreger durch den Biss von wild lebenden Tieren auf den Menschen übertragen werden.

_ _ _ _ _ _ _
▲

**8** NAMSER
Viruskrankheit, die meistens bei Kindern auftritt und durch Tröpfcheninfektion übertragen wird. Typisch ist der rote, fleckige Hautausschlag. Wer sich als Kind angesteckt hat, ist lebenslang immun.

_ _ _ _ _ _
▲

**6** DÄRMELHINKUNG
Lebensgefährliche Krankheit, die bei Kindern und Erwachsenen durch Tröpfcheninfektion mit Viren hervorgerufen wird. Meist bleiben Veränderungen an Knochen und Gelenken zurück.

_ _ _ _ _ _ _ _ _ _ _ _ _
▲

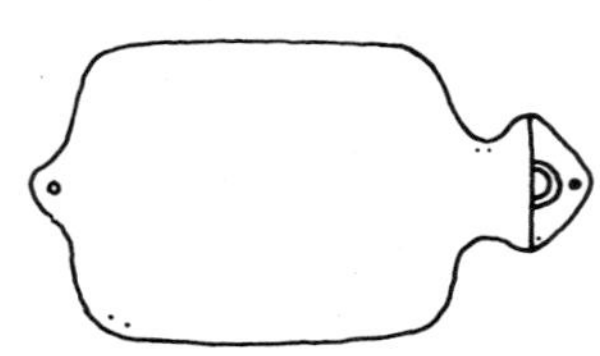

**9** STEP
Lebensgefährliche Infektionskrankheit, die heute nur noch selten auftritt. Im Mittelalter starben Tausende von Menschen an dieser Krankheit. Erreger sind Bakterien, die von Rattenflöhen übertragen werden.

_ _ _ _
▲

**10** TUNESTA
Bakterieninfektion, die zu einer krampfhaften Starre der Körpermuskulatur führt. Die Erreger gelangen mit dem Kot von Pferden oder Rindern in den Erdboden und dringen bei Verletzungen in den Körper ein.

_ _ _ _ _ _ _
▲

**11** TRÖNEL
Meist harmlose Viruskrankheit, die sich im Nasen-Rachen-Raum ausbreitet. Wenn Schwangere sich infizieren, kann das aber beim Ungeborenen schwere Schädigungen hervorrufen.

_ _ _ _ _ _
▲

## Zuordnen: Ein kleiner Pieks

| Thema | Spieldauer | Personen | Vorbereitung |
|---|---|---|---|
| Gesundheit und Krankheit | 10 min | Einzelspiel ✏ | L: Vorlage kopieren |

### Einstieg
Aktive und passive Immunisierung

### Lösungen
Das Lösungswort heißt: EPEDEMIE.
1 E, 2 P, 3 E, 4 D, 5 E, 6 M, 7 I, 8 E

### Zusatzinformation
Wenn man gegen eine bestimmte Krankheit geimpft ist, erkennen die Antikörper die eingedrungenen Krankheitserreger und machen sie gleich unschädlich. Man ist gegen diese Krankheit immun.
Eine Ausnahme ist z. B. die **echte Grippe**. Man nennt sie auch Virusgrippe, weil die Krankheitserreger Viren sind. Diese Viren verändern sich ständig ein bisschen. Daher können die Antikörper, die einmal bei einer Virusgrippe gebildet worden sind, später keinen Schutz mehr bieten. Man kann jedes Jahr wieder eine Grippe bekommen. Am besten hilft eine rechtzeitige Impfung. Die Grippeschutzimpfung macht aber auch nicht für immer immun. Deshalb sollte sie jedes Jahr vor der kalten Jahreszeit wiederholt werden.

## Zuordnen: Ein kleiner Pieks

Wenn man mit kranken Menschen zusammen kommt, zum Beispiel im Klassenzimmer oder im Bus, kann man sich leicht „anstecken“. Für diese Fälle gibt es im Körper ein gut funktionierendes Abwehrsystem: Gegen die Krankheitserreger werden Antikörper gebildet. Manche Infektionskrankheiten sind aber so gefährlich, dass es besser ist, wenn der Körper schon vor einer Infektion immun gemacht wird: durch eine Impfung.

Hier sind verschiedene Abschnitte vom Verlauf einer Krankheit in Bildern dargestellt und beschrieben. Links: nach einer Ansteckung (1 – 4), rechts: nach einer Impfung (5 – 8). Ordne die Texte den passenden Bildern zu und trage die Kennziffern in die Kästchen ein.

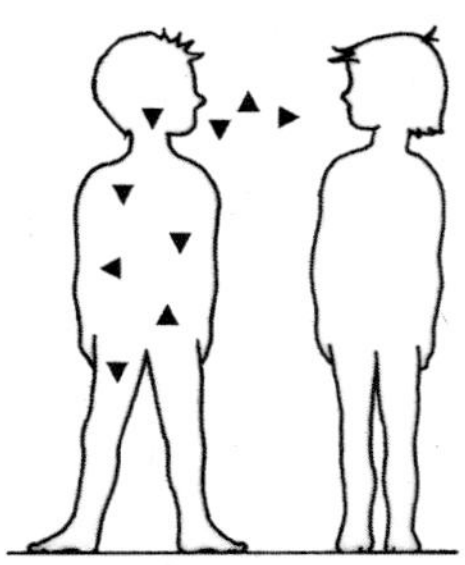

**1** Ansteckung

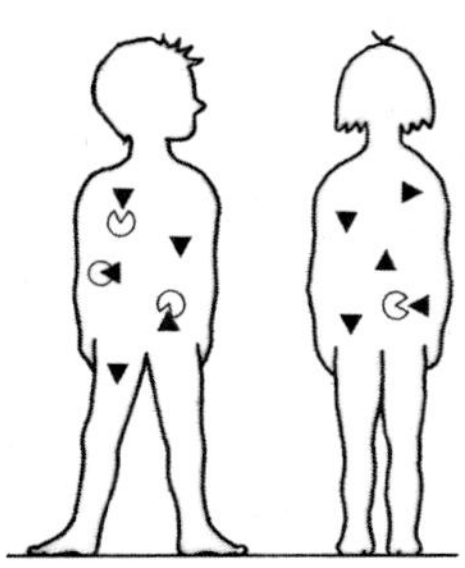

**2** Erkrankung

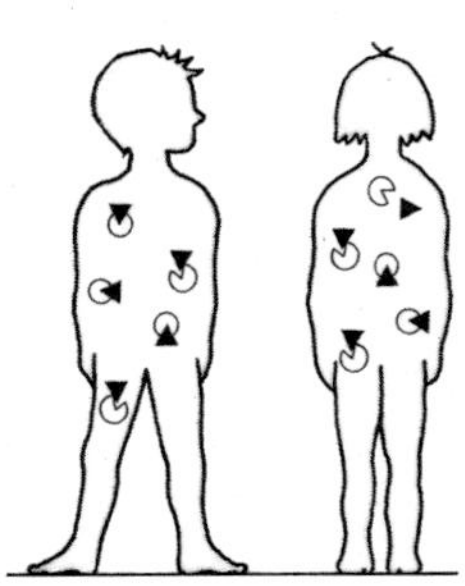

**3** Antikörperbildung

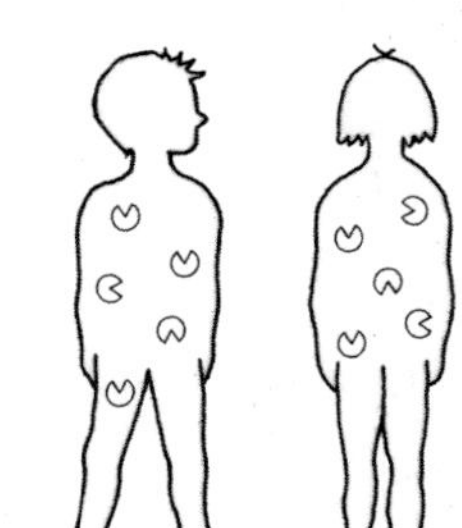

**4** Immunität nach Erkrankung

☐ **D**
Im Verlauf der Krankheit sind so viele Antikörper gebildet worden, dass bei einer späteren, neuen Infektion die Erreger dieser Krankheit gleich abgewehrt werden können: Man ist immun.

☐ **E**
In den weißen Blutkörperchen und in den „Abwehrorganen“ Mandeln, Milz und Lymphknoten werden allmählich Antikörper gebildet.

☐ **E**
Krankheitserreger werden von einem Kranken übertragen und dringen in den Körper eines gesunden Menschen ein: Man steckt sich an.

☐ **E**
Impfstoffe werden in den Körper gespritzt. Sie enthalten wenige abgeschwächte Krankheitserreger, die von den Abwehrorganen erkannt werden.

☐ **E**
Wenn man gegen eine bestimmte Krankheit geimpft ist, erkennen die Antikörper die entsprechenden Krankheitserreger und machen sie gleich unschädlich: Man wird nicht krank.

☐ **I**
Wenn man irgendwann später einmal mit Kranken in Kontakt kommt, sind die Antikörper schon fertig: Man ist gegen diese Krankheit immun.

☐ **M**
Nach einer Impfung fangen die Abwehrorgane sofort an, reichlich Antikörper zu produzieren.

☐ **P**
Krankheitserreger breiten sich im Körper aus: Man wird krank.

Die Buchstaben – in die richtige Reihenfolge gebracht – ergeben die Bezeichnung für ein örtlich und zeitlich gehäuftes Auftreten einer ansteckenden Krankheit.

| ___ | ___ | ___ | ___ | ___ | ___ | ___ | ___ |
|---|---|---|---|---|---|---|---|
| 1 | 2 | 3 | 4 | 5 | 6 | 7 | 8 |

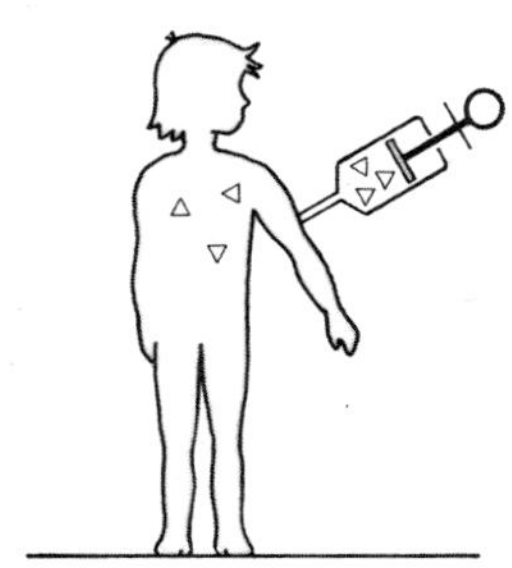

**5** Impfung

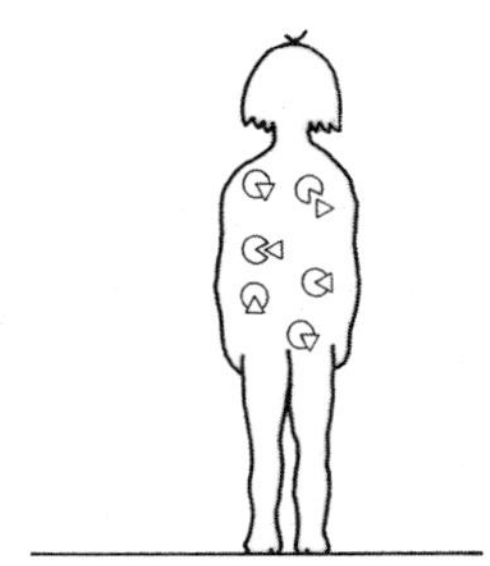

**6** Immunisierung

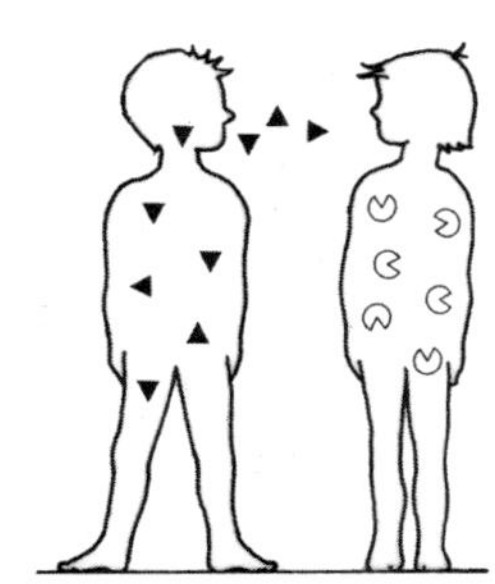

**7** Immunität nach Impfung

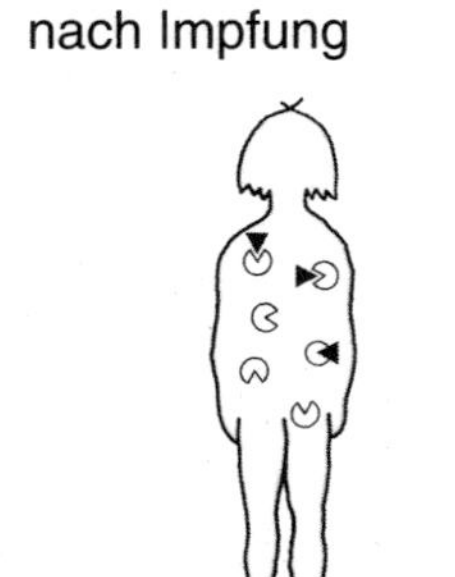

**8** Keine Erkrankung

## Zuordnen: Gesucht wegen Herstellung und Abgabe von Rauschmitteln: Pflanzen und Pilze

| Thema | Spieldauer | Personen | Vorbereitung |
|---|---|---|---|
| Gesundheit und Krankheit | 10 min | Einzelspiel ✏ | L: Vorlage kopieren |

### Einstieg

Gefährdung durch Suchtmittel
Die Flucht in eine Traumwelt
Rauchen – ein giftiger Genuss
Alkohol – eine Alltagsdroge?
Auch Arzneimittel können die Gesundheit gefährden

**INFO!**
Ethylalkohol (Ethanol) entsteht durch Gärung aus Zuckern. Alkoholische Getränke (auch Bier und Branntwein) hellen die Stimmung auf und bauen Hemmungen ab. Die Gefahren werden oft unterschätzt, bei regelmäßigem Konsum führen auch kleinere Mengen zur Abhängigkeit, größere Mengen beeinträchtigen Reaktionsfähigkeit, Sehfähigkeit und Sprache. Alkoholvergiftung (über 3 ‰) führt zum Tod durch Atemstillstand.

### Lösungen

Das Lösungswort heißt: ALKOHOL.

| | | | |
|---|---|---|---|
| 1 A TABAK | 3 K MUTTERKORN | 5 H HANF | 7 L SCHLAFMOHN |
| 2 L FLIEGENPILZ | 4 O COCAH | 6 O PEYOTL | |

### Zusatzinformationen: Synthetische Drogen

**Speed:** Amphetamine (=Weckamine) wirken wie Koffein und Cocain aktivierend und hemmungslösend und führen zu einer kurzfristigen Leistungssteigerung. Bei längerer Einnahme dieser Psychostimulanzien kommt es zur Abhängigkeit.
**Designerdrogen:** Aus den Grundstoffen von verschiedenen bekannten Drogen, meist halluzinogenen Substanzen, werden in illegalen Labors neuartige Rauschmittel mit immer neuen Varianten synthetisch hergestellt. Da deren Wirkung zum Teil noch nicht bekannt ist, kann schon der einmalige Konsum solcher Drogen zu schweren Schäden führen, zunächst Überwachheit, optische und akustische Halluzinationen, Selbstüberschätzung, Verwirrtheitszustände.
**Ecstasy:** Synthetische Droge der Metamphetamingruppe, wird als Pille oder Kapsel „eingeworfen". Chemische Ähnlichkeit mit körpereigenem Adrenalin (aktivierend)und Mescalin (halluzinogene Eigenschaften). Der Konsum führt zu körperlichen und seelischen Schäden.
**Crack:** Rauchbares, chemisch verändertes Cocain, das nach kurzem Hochgefühl zu Depressionen und Herz- und Kreislaufversagen führen kann.
**Schnüffelstoffe:** Leicht flüchtige organische Substanzen, wie Benzin oder Lösungsmitteln, die zum Beispiel in Klebstoffen, Haushaltsreinigern oder Farben vorkommen, erzeugen einen Rausch, wenn sie intensiv eingeatmet werden. Diese Lösungsmittel führen zu Sehstörungen, Desorientierung u. ä. und schädigen hauptsächlich Leber und Gehirn.
**Barbiturate:** Verbindungen der Barbitursäure, die eine beruhigende und einschläfernde Wirkung haben. Sie werden als Schlafmittel und Narkosemittel eingesetzt. Barbiturate sind giftig und machen bei längerer Einnahme seelisch und körperlich abhängig.

**Adressen für weitere Informationen**
- Deutsche Hauptstelle gegen die Suchtgefahren e. V. (DHS) , Westring 2, 59065 Hamm, Telefon: (0 23 81) 90 15-0, Fax: (0 23 81) 90 15 30,
- Bundeszentrale für gesundheitliche Aufklärung (BZgA), Ostmerheimer Str. 220, 51109 Köln, Telefon: (0221) 89 92-0, Fax: (0221) 89 92-300

## Zuordnen: Gesucht wegen Herstellung und Abgabe von Rauschmitteln: Pflanzen und Pilze

Teile von Pflanzen, Pilzen und Tieren, die durch Trocknen haltbar gemacht werden, bezeichnet man als Drogen. Für medizinische Zwecke nutzt man Arzneidrogen und in der Küche werden Gewürzdrogen zum Würzen von Speisen verwendet. Drogen, die zu einem erhöhten Wohlbefinden und unter Umständen zur Sucht führen können, bezeichnet man als Rauschgifte. Anbau, Herstellung, Handel, Werbung und Abgabe von diesen Drogen sind im Betäubungsmittelgesetz geregelt.

Welcher Steckbrief gehört zu welcher Pflanze oder zu welchem Pilz? Trage die Namen in die passenden Steckbriefe ein.

**Coca-Strauch – Fliegenpilz – Hanf – Mutterkorn – Peyotl – Schlaf-Mohn – Tabak**

**5** ______

**Personalien:** einjährige Kulturpflanze, die zur Fasergewinnung angebaut wird
**Herkunft:** warm gemäßigte Zonen
**Name der Droge:** Haschisch, Dope, Shit (Harz aus den Drüsenhaaren in den weiblichen Blüten) Marihuana, Gras (getrocknete Triebspitzen und Blütenblätter)
**Wirkstoff:** Tetrahydrocannabinol (THC)
Verwendung: meist Rauchen
**Wirkung:** Verstärkung von Gefühlen und Stimmungen, Euphorie, Unruhe oder Halluzinationen
**Warnung!** Häufiger Konsum führt zur Sucht. (1. Buchstabe)

**1** ______

**Personalien:** einjährige Pflanze, die zu den Nachtschattengewächsen gehört
**Herkunft:** Südamerika
**Name der Droge:** Nikotin
**Wirkstoff:** Alkaloid
**Verwendung:** Blätter werden geraucht
**Wirkung:** anregend
**Warnung!** Rauchen kann zur Sucht führen. Nikotin wirkt bei oraler Aufnahme von 1 mg auf 1 kg Körpergewicht tödlich. (2. Buchstabe)

Die angegebenen Buchstaben nennen dir den Namen einer weiteren Droge, die die Stimmung aufhellen und Hemmungen abbauen kann. Sie heißt

_ _ _ _ _ _ _
1 2 3 4 5 6 7

**6** ______

**Personalien:** kleine Kakteenart, die halbkugelförmig wächst
**Herkunft:** Wüstenregionen, Mexiko, südliche USA
**Name der Droge:** Mescalin
**Wirkstoff:** Alkaloid
Verwendung: Pflanzenteile werden gegessen
**Wirkung:** Halluzinationen, Erregungs- und Rauschzustände
**Warnung!** Häufiger Konsum führt zur Sucht. (4. Buchstabe)

**2** ______

**Personalien:** „märchenhaft" schöner Lamellenpilz
**Herkunft:** Europa, Asien, Nordamerika
**Name der Droge:** Muscarin
**Wirkstoff:** Muscarin
**Verwendung:** Stücke des Fruchtkörpers werden gegessen
**Wirkung:** Halluzinationen, Erregungs- und Rauschzustände
**Warnung!** Bei größeren Mengen oder starker Konzentration tödlich giftig! (2. Buchstabe)

**4** ______

**Personalien:** Strauch, der zu den Rothölzern gehört
**Herkunft:** Andengebiete, Bolivien, Peru
**Name der Droge:** Cocain
**Wirkstoff:** Alkaloid, das in den Blättern enthalten ist
**Verwendung:** Blätter werden gekaut, extrahierte Substanz wird geschnupft
**Wirkung:** anregend
**Warnung!** Konsum führt zur Sucht. (2. Buchstabe)

**7** ______

**Personalien:** Öl- und Heilpflanze
**Herkunft:** seit 2000 Jahren in Mitteleuropa bekannt
**Name der Droge:** Heroin, „H"
**Wirkstoff:** Opium, der eingedickte Milchsaft der unreifen Kapsel, ist ein Gemisch aus über 40 Alkaloiden, z. B. Morphin. Morphin ist die Ausgangssubstanz für Heroin.
**Verwendung:** wird in die Blutbahn gespritzt
**Wirkung:** Euphorie
**Warnung!** Heroin ist eins der gefährlichsten Rauschgifte. Es führt schnell zu physischer und psychischer Abhängigkeit und später zum Tod durch Atemlähmung. (4. Buchstabe)

**3** ______

**Personalien:** Pilz, der als Parasit in Roggenähren lebt
**Name der Droge:** LSD, Acid
**Wirkstoff:** Alkaloide, hauptsächlich Lysergsäure; die Verbindung Lysergsäurediethylamid (LSD) wird aus Lysergsäure synthetisch hergestellt
**Verwendung:** Pillen
**Wirkung:** Halluzinationen, Omnipotenzgefühle
**Warnung!** LSD ruft beim Menschen schon in geringen Mengen Bewusstseinsveränderungen und schizophrenieähnliche Geistesstörungen hervor. Tödlich giftig! (7. Buchstabe)